FAN ER NA

凡尔纳的故事

王艳娥 ◎ 主编

榜样的力量

榜样的力量是无穷的，好的榜样能给我们积极的思想、正确的行为、良好的习惯、完善的人格。树立了榜样就等于找到了自己前行的方向。

榜样是无比强大的力量源泉。

北方妇女儿童出版社

图书在版编目（ＣＩＰ）数据

凡尔纳的故事/王艳娥编著. -- 长春：北方妇女
儿童出版社，2010.2（2021.1重印）
（榜样的力量）
ISBN 978-7-5385-4375-9

Ⅰ.①凡… Ⅱ.①王… Ⅲ.①凡尔纳，
J.（1828～1909）—传记—少年读物 Ⅳ.①K835.655.6-49

中国版本图书馆CIP数据核字(2010)第020161号

凡尔纳的故事

FANERNA DE GUSHI

出 版 人：刘 刚

责任编辑：张 力 刘聪聪 于 潇

开　　本：650mm×960mm　1/16

印　　张：12

字　　数：128千字

版　　次：2010年2月第1版

印　　次：2021年1月第6次印刷

印　　刷：三河市三佳印刷装订有限公司

出　　版：北方妇女儿童出版社

发　　行：北方妇女儿童出版社

地　　址：长春市福祉大路5788号

电　　话：总编办：0431-81629600

定　　价：33.80元

序言

　　"江山代有才人出"，在人类历史的长河中，涌现出一大批影响世界的风云人物。他们或者是杰出的政治家，凭着超乎常人的坚强毅力为国家和民族的前途引路；或者是卓越的科学家，为探索自然奥秘、改善人类生活而不懈努力……总之，他们由于在某一方面做出了杰出的贡献，已成为历史长河中的航标，引领着人类走向更加深邃的精神世界和更加精彩的物质世界。

　　这套丛书不仅告诉你名人成功的事实，更重要的是展示他们奋斗的历程，展现他们在失败和挫折中所表现出的杰出品质，从中我们可以吸取一些有益的精神元素。

　　这套丛书具有以下几个特点：

　　一是人物全面。本套丛书精心选取了从古至今全世界40位具有代表性的政治家、科学家、文学家、艺术家……这些人物均在各自的领域做出了卓越的贡献，对人类历史产生了重大影响，因此被广为传颂。

　　二是角度新颖。本套丛书不是简单地堆砌名人的材料，而是选取他们富有代表性或趣味性的故事，以点带面，从而折射出他们波澜壮阔、充满传奇的人生和多姿多彩、各具特点的个性。

　　三是篇幅适当。每篇传记约10万字，保证轻松阅读。本套丛书线索清晰、语言简洁、可读性强，用作学生的课外读物十分理想，不会加重他们的负担。

　　四是一书多用。本丛书是一部精彩的名人故事集锦，能够极大地开阔青少年的视野，同时还可以作为中小学生的写作素材库。

　　培根说："用名人的事例激励孩子，胜过一切教育。"榜样的力量是无穷的，而名人是最好的榜样，向名人看齐，你将离成功更近！

人物导读

如今科幻小说是很多青少年朋友的最爱。科幻小说全称为"科学幻想小说"，是基于科学基础之上的带有幻想和想象的文学体裁。

科学和文学，一个以严谨闻名，一个以想象取胜，本来是难以相容的两个领域，然而，科幻小说的出现却把它们结合起来，用文学的手法让科学拓展我们想象的疆域，而科学的启发也可以让文学走得更远。

而在读这本书之前你也许不知道，科幻小说最初的创造者就是本书的主人公——儒勒·凡尔纳。

儒勒·凡尔纳（Jules-Verne，1828—1905）是19世纪法国作家，著名的科幻小说和冒险小说作家，被誉为"现代科学幻想小说之父"。曾写过《海底两万里》、《地心游记》等著名书籍。

他是文学史上第一个真正意义上开始写科幻小说的作家，他对于科幻小说这种文体的推动作用是极其巨大的。

读一本传记，就像去过另一种人生一样。在这本书里，我们会随着凡尔纳一起幻想，一起痴迷于大海和自由，一起恋爱，一起失恋，一起痛苦，一起欢笑。

人生的悲喜就在这种起起落落之中，当我们读完的时候，我们可能更想去读读凡尔纳的科幻小说，也可能会感到，凡尔纳自己的人生，不就是一本跌宕起伏的小说么？

凡尔纳的人格魅力主要表现在：他热爱自然、喜欢探险的乐观的生活态度；他爱好幻想的天赋秉性；他对待创作的痴迷和执著；他对待身边的人的真诚和坦率。

愿你能喜欢上凡尔纳这个真实的人。

CONTENTS 目录

CONTENTS

第一章

奇幻少年

家事"揭秘"

　　如果你读过儒勒·凡尔纳的小说的话，一定会记得他的小说中始终贯穿着一种关于人工岛的想象。《裘乡记》中的冰山，《大木筏》中沿亚马逊河漂流的木筏，《浮城记》中的大船，当然还有《机器岛》中的那艘怪艇。这样有趣的想象其实是与凡尔纳小时候的成长环境分不开的。

　　他童年时代的环境和他在南特市布雷顿海港中费多岛上的早期生活都深深地影响了他后来的创作。

　　今天，南特是法国最繁荣的城市之一，因为它一向具有商业和工业的传统。这里离大西洋海岸40英里，卢瓦尔河从它中间穿过。南特是布列塔尼半岛上最大的都市。

　　关于凡尔纳的一切故事都从这里开始。

　　1826年的一天，城市安静的街道上，一辆马车停在了南特市一家法律事务所旁边，从车上下来一位年轻高大的小伙子，车夫帮他把箱子提了出来。

　　"这是车费"，小伙子从衣袋里拿出了几个铜板。

　　"谢谢。先生，还需要我帮忙吗？"车夫收下了铜板，鞠了个躬。

　　"没有了，你可以走了。"小伙子微笑着说。

　　马车走了。小伙子整了整因长途坐车而弄皱的衣角，又掸了掸身上的尘土，戴上了礼帽，提起了箱子，来到了这家法律事务所的门前。

　　"笃笃笃"，他敲了几下门，"帕凯托先生在吗？"

门开了，从里面走出一位上了年纪的满脸胡须还戴着眼镜的人来，"我就是，您是哪位？"

"我是皮埃尔·凡尔纳律师，来自巴黎。"

"噢，我刚收到您的来信，您便到了。"帕凯托接过了箱子，"一路还好吧，快点进屋。"

帕凯托为皮埃尔·凡尔纳冲了杯咖啡："我因年纪大了，又想和妻子出去旅行，早想离职了，这回你来了，接替了我这个诉讼代理人，我很高兴。对了，您做几年的律师工作了？"

"不瞒您说，去年毕业，并得到了律师证。"

"噢，没关系，只要努力，我想您就会很快熟悉这份工作的。"

第二天，皮埃尔·凡尔纳便正式投入到工作中去了。

对于这份工作，他不能算是新手，他的父亲、祖父都是做法律工作的，自己不仅得到了言传身教，而且还是法学院毕业，所以在这一行里他顺畅极了。

不久后的一天，他忙完了手里的工作，来到了南特市的街上，"噢，多么美丽的地方啊！"皮埃尔一边想着一边感叹道。

不知不觉中，他被什么东西绊了一下。但他没有在意，继续往前走，继续欣赏这迷人的城市。

"请站一下，先生。"一个清脆的声音在叫他。

"哦，什么事？"皮埃尔·凡尔纳停了下来，他转过了头，只见一位年轻漂亮的姑娘倒在地上。

"您把我撞倒了，可以扶我一下吗？"

这时皮埃尔才知道自己刚才犯了一个错误，他连忙走上前去，扶起她："对不起，请您原谅我的大意，不过，这座城市也太美了，您也一样。"

　　姑娘笑了。

　　"您叫什么，小姐？"

　　"索菲。您呢，先生？"

　　皮埃尔告诉了她自己的名字，为了表示歉意，他请这位天使一样的索菲吃了顿便饭。

　　就这样，他们相识了。

　　索菲的家在离南特市不远的一个岛上，这个岛名叫费多岛，与南特之间只有一条河相隔着。一到空闲的时候，索菲便邀请这位律师到她的家里来做客。

　　索菲从小娇生惯养，任性轻浮，但为人热情诚恳，富于幻想，皮埃尔几乎对她是一见钟情，何况是长时间与这位漂亮姑娘交往呢？

　　不久，他们便相爱了。

　　第二年的2月27日，他们在一座临海边的教堂举行了婚礼。

　　索菲的祖先曾经服役于法国的国王，她的父亲喜欢在外面东奔西走，几乎从不着家。

　　皮埃尔与索菲刚结婚的时候，经济不怎么宽裕，他们便住在了索菲的娘家。

　　这样既解决了索菲母亲长年的清净之苦，又解决了皮埃尔的住房问题。唯一的不便就是离皮埃尔的法律事务所稍远了一些。

一场虚惊

凯尔韦冈街的拐角处，奥利维埃·德·克里松街四号，这就是皮埃尔这位商业巨擘（bò）的后裔一家住着的房子。

1828年2月8日，皮埃尔与索菲的第一个孩子诞生了，父亲为他取名叫儒勒（rú lè）·凡尔纳。

今天，一块法国式的通常用以纪念各种杰出人物的铜牌向人们表明，这里就是文坛巨匠儒勒·凡尔纳的出生地，铜牌上写着："小说家，发现现代事物的先驱"。

可是当时这个孩子的出生并没有给皮埃尔带来多大的快乐。因为皮埃尔和妻子刚结婚时，索菲根本不关心烹饪和其他家务，孩子出世后又十分羸弱。

在最初的几天，小儒勒连母亲的乳汁都消化不了。他们和她的母亲住在一起，因为她的父亲一年四

▲ 儒勒·凡尔纳年轻时代

季都在外面东奔西走，几乎从不着家。（这也许就是凡尔纳的小说里通常总有一个不露面的父亲的原因吧。）所以，索菲要整天陪在孩子的身边。

皮埃尔是个神经质的人，患有消化不良和风湿病，他被婴儿不断的哭声搅得心烦意乱。

那天，他实在忍受不了了，走到婴儿的摇篮边："亲爱的，我的小宝贝，你能不能不哭了？"

孩子可听不懂他的话，一双明亮的眼睛眨巴着。

"索菲，再这样下去，我非得死掉不可，我已经很长时间没有吃上一顿可口的饭菜了，我的衣服也很久没有整理了，您能帮帮我吗？"皮埃尔可怜兮兮地望着妻子。

"我可管不了那么多，我还要照顾儿子呢！"索菲没有看丈夫一眼，随意地说道。

皮埃尔伤心极了，他一连几天都没有和索菲说一句话，家里的气氛异常沉闷。

索菲的娘家为了帮索菲照顾孩子，临时为他们请了一个女佣，女佣刚到来几天，就厌倦了这种紧张的气氛，辞职不干了。

索菲为了小儒勒，忙得不可开交，根本没有心思照顾皮埃尔。为此，皮埃尔大为恼火："亲爱的，孩子整日哭泣，就是因为你没有经验带孩子，咱们还是送给奶妈带吧！"

"不，我要自己来！"索菲坚持说。

"要知道，你需要做的事太多了，你根本应付不过来，送到奶妈那儿，是为了帮助你一下。"

"是不是因为不帮助你整理衣服，不为你做可口的饭

菜，你才要把儿子送到奶妈那儿？"索菲生气地问，"如果那样，我和孩子马上离开这儿，让你一个人过日子吧。"

"亲爱的，你误解我了。"皮埃尔没办法，一个人出去了。可是，晚上他又回来了，他可不想离开妻子和这个家。他向索菲屈服了，并向索菲许诺，以后再也不说这样的话了。

可是这天晚上，小儒勒哭闹了一宿，皮埃尔忘记了诺言，夫妻俩又开始争吵，争吵声中夹杂着婴儿的哭声。

妻子和孩子让皮埃尔伤透了脑筋，他几乎崩溃了。

"孩子再这样闹下去，我真的会死掉的。"几天后，他又对妻子说："我看还是请一位大夫为孩子检查一下吧，是不是孩子生病了？"

"好吧。"妻子点头同意了，孩子的整日哭闹让她也有些受不了了。

大夫来了。他为孩子做了全身检查，非常细心，历经两小时后，竟然在小儒勒的脚上发现了一根木刺，大夫小心翼翼地用针将木刺拔了出来。

从此，孩子变成了一个乖孩子，不哭了，也不闹了，出奇地安静，父母都乐得眉开眼笑。

这一切的不幸都将结束了，皮埃尔烦躁的心情也消散了，他和妻子之间的关系也随之有了很大的改善，他们开始商量该给孩子做洗礼的事了。

✳ 婴儿的洗礼 ✳

春天，万物复苏，翠绿的草逐渐铺满了街区，鸟儿的鸣叫迎来了四方的客人。该给婴儿施洗礼了。

为了使住在各地的凡尔纳家人能够前来南特参加，因此特意安排在春天，一年前他们都参加过孩子父母的婚礼。其他的亲戚也接踵而至。

有一个亲戚是个花花公子，在家族中被称为"漂亮的阿洛特"。他身穿一身时髦服装，但阿洛特·拉佩里埃太太很看不惯他那副滑稽可笑的样子。

另一个舅舅普律当特·阿洛特，从差不多二十英里远的地方步行前来，以代替总是有事在国外的索菲的父亲出席。

这天，皮埃尔在墙上挂起了家族的肖像，在家里举行了宴会，打开了特别酿制的极易醉人的美酒，大家纷纷为孩子的未来干杯，都喝得面红耳赤，争论得异常热烈。

孩子将来会成为什么样的人呢，每个人心中都有自己的看法。

望着摇篮里不停地摇摆着的小手、蹬着小腿儿的小家伙，外婆说："这孩子将来一定会是一名水手。"

"不！"祖父立刻表示了不同的意见，"根据孩子脖子和前额的轮廓可以预言，他将是一个天才般的诗人。"

皮埃尔可不想让自己的宝贝去当什么水手和天才般的诗人，如果能够的话，他希望把孩子培养成一位律师，继承他蒸蒸日上的事业。大家都为有关孩子的前程的种种计划激动了，嗓门也越来越高，后来大家都说累了，也都醉了，纷纷找个地方睡觉，有的人竟然睡在了地板上。

小儒勒·凡尔纳可听不懂大家那些善意的期望，他自得其乐地玩儿着。

第二天早上，刚刚睡醒的人们意外地发现，摇篮里的婴儿还在玩儿父亲公文包里的东西，并且正在一上一下地挥动着他的小手，撕扯着，他不经意地公开了一个诉讼委托人的遗嘱，为这件事，皮埃尔不得不对这位委托人做出了经济上的赔偿。

几天之后，皮埃尔对索菲谈到了小家伙的前途："下一个儿子可以当水手，亲爱的，而这个儿子一定要当律师。"他的态度很坚决。

索菲也是这么想的。皮埃尔信守了这个诺言，第二个儿子保尔真的成了一名水手。后来还生了三个女儿：1837年的大女儿安娜，1839年的二女儿马蒂尔德，1842年的玛丽。

但在那个时候，他们不必为孩子们的职业操心。

幻想的种子

凡尔纳出生不久，全家搬进了让·巴特的一套公寓里，皮埃尔也在同一座建筑物里办公。

虽然皮埃尔的工作是严肃的，但是这种严肃的职业背景也充满着浪漫色彩。不仅是南特市热闹的商业气氛，而且是笼罩着凡尔纳整个孩提时代的老式商人的遗风，都很富于浪漫色彩。

凡尔纳的堂叔弗朗西斯克·德·夏托布尔格的父亲是位画家，而且本人也是一位画家，凡尔纳常去他那里听一些激动人心的冒险故事。

这位画家还曾与夏多布里昂的妹妹结婚，并多次与这位名作家夏多布里昂见过面。

费多岛虽然是河中小岛，但是这里也可以见到汹涌的海浪。码头上停泊着各种渔船和运盐船，街道两旁挤满了鱼贩子和其他商贩，儒勒·凡尔纳就在这里度过了他的童年。

小凡尔纳在这美丽的海景区内生活着，玩耍着，后来他又带上了他的弟弟保尔来到了码头，他们在那里逛来逛去，望着那些船只的靠岸或者起航，大帆船的张帆落帆都给他们带来了无穷的乐趣，更牵引着他们无尽的遐想。

"哥，那远去的三桅船，它要开到哪里去呢？"保尔认为凡尔纳一定知道，他是最有学问的了，除了他爸爸以外。

"离这儿不远，一定会有一座美丽的海岛，那海岛上一定会开着美丽的花，那里的夜空一定会有很多很多迷人的星星。"儒勒总是这样告诉他的弟弟保尔。

"有这儿美丽吗？"

"当然。"

"只有做了一名水手，才会到那里去，对吧？"

"我想是的。"

"那我长大后一定要当一名水手，自己开船去那个地方。哥，你去吗？"

"当然。"

海风就这样吹拂着他俩的面庞，他们在感受着浩瀚大海带给他们的气息，他们多么希望能有一条自己的船啊，或者只做一名水手也行。

"保尔，那艘双桅横帆船，是从什么地方开来的呢？很遥远吗？它怎么会卸下那么多货物啊？"

"不知道。"保尔可没有哥哥懂得多。

皮埃尔和索菲的家庭生活并没有什么吸引人的或浪漫的东西，皮埃尔具有清教徒般的性情，他极其严厉，在生活和宗教中墨守成规，还经常自我鞭挞。

索菲虽然也信教，却没经受过这样的苦行，因为她总爱产生轻松而新奇的念头。

在这样的家庭氛围里，小凡尔纳反而对那些新奇的、浪漫的传奇故事更加感兴趣了。

在亲戚家里，小凡尔纳总是对成人们讲起的那些新奇的带有神秘色彩的事情最感兴趣，他本来就是个爱幻想的孩子，在他的姑夫家里，他特别喜欢听从美洲归来的当事人讲述怎样穿越洪荒的原始森林到达伊利湖和尼亚加拉大瀑布的冒险故事。

其实，吸引他的不仅仅是那些传奇式的经历，还有那遥远神秘的异国情调。总之，他对那些从没接触过或略显陌生的东西总是充满好奇。他是一个特别的孩子！

桑班太太

凡尔纳就读的幼儿学校是桑班太太开办的，她是一位船长的妻子。

据凡尔纳一位同校的朋友弗朗西斯·勒费弗尔说，她全身笼罩着一种神秘的气氛。她总是穿着那条黑色的带褶的裙子，戴着那顶有两条丝带的礼帽，那身衣服显得有些旧了，也很不合适地穿在她的身上。因为桑班太太已经五十多岁了，而那种衣服已经过时了，并且只适于年轻的女孩儿穿。但是，桑班太太从来不在乎别人怎么说她，她依然如故，并且听别人说，这已是她近三十年的习惯。桑班大概还在度蜜月的时候就离开了家。而三十年后，她依然没有听到他一点儿信息。这些年来，他是否像水手辛巴达一样一直在海上遨游呢？或是因为船只失事滞留在某一荒岛上，以后还会像鲁宾逊一样带着一个"星期五"和一只鹦鹉从荒岛上回来呢？

这位南特妇女经常对她的小学生讲述她不平凡的经历。

在凡尔纳的名为《布兰妮太太》的小说中，主人公，那个叫布兰妮的妇女为了寻找失踪的丈夫，14年来，搜遍了太平洋的珊瑚海，最后很幸运地发现她的丈夫还活着。这里很明显包含着凡尔纳对于生活中的桑班太太的美好祝愿。

小凡尔纳来报到的那天，皮埃尔陪着。

"把小家伙交给我吧，您可以放心地去干您的事了，先生。"桑班太太把小凡尔纳抱了起来。

"谢谢您，不过，桑班太太，这孩子有些淘气，不太好

管，这可能会让您费心。"

"噢，没关系，我很爱他，我相信我会管理好他的。"

皮埃尔走后，小凡尔纳开始由桑班太太带着。"不知是什么原因，难道她像我的外祖母吗？我一见着她，就很喜欢她。"小凡尔纳在心里嘀咕着。

桑班太太为他发了一些纸和几支不同颜色的笔。

"凡尔纳，知道吗，这支蓝色的笔是用来写字母的，还有这些纸，不要弄坏了，要珍惜。这支红色的笔是用来画画的，你想什么就可以画什么。"

"真的吗？"

"当然。"桑班太太微笑着说。从此后，小凡尔纳便跟着桑班太太和其他同学开始了启蒙的学习生活。

皮埃尔有时会很忙，不能及时地来接凡尔纳回家，凡尔纳就跟着桑班太太，听桑班太太讲很多有趣的故事。

慢慢地，小凡尔纳发现桑班太太有个习惯，一有时间，她就走到临海的窗前，朝大海望去。

小凡尔纳对此很是不解。

一日，凡尔纳终于忍不住他的好奇心，也跟着来到了窗前。

"桑班太太，您在看什么？"

"大海。"

"很有意思吗？"小凡尔纳在想，一定有很多有趣的事情在发生，要不为何桑班太太天天朝那儿望呢？

"不，什么都没有。"她的回答让凡尔纳很失望。

　　"我的丈夫，也就是桑班先生是位远洋轮的船长，我们还在度蜜月的时候，他便离开了我，又一次远航。他走的那天，就是在那片海上，我看见他把帆扬起，看见他驾船远去。他告诉我，回来的时候，还会在这片海上。他还说，我站在这个位置上，就可以看见他。这已经是第三十年了，有人告诉我，说他出事了，在海上，由于风大，船遇难了。我不相信，因为他是一名优秀的船长，怎么会出事呢？我要站在这儿，穿着他临走时我穿的衣服，看着他回来。我相信，他会听到我的呼唤的，你要知道，他是一个非常恋家的人，他不会丢下我的！"

　　小凡尔纳静静地听着，他望着桑班太太那双忧郁的眼睛，她的忧愁和期待深深地打动了他，"桑班先生会回来的，桑班太太，我和您一起等他回来好吗？"听完桑班太太的故事以后，凡尔纳说。

　　从此，这个窗前又多了一个人的身影。

　　他们一起朝大海望着，那企盼的眼神啊，像是在问："桑班先生，你何时归来？"

"娱乐大王"

　　凡尔纳在桑班太太那儿读了3年。

　　1837年，他离开了那里，他该上小学了，那时，他9岁，保尔8岁，他俩一起被送进了圣斯塔尼斯拉斯公学。

　　凡尔纳个子长得细高，也很瘦，头发老是乱蓬蓬的，

总爱踩着高跷到处奔跑。他不是很爱学习，只要能保持前十名，他就心满意足了，他情有独钟的是各种运动。他是运动场上名副其实的球王。

除了上课之外，凡尔纳喜欢开动脑筋，以自己的方式去积累各种知识，他按照自己的想象，在笔记本上涂满了各种古怪的图画，如轮船啦，飞机啦，蒸汽机车啦等等。

那个时候，这些东西还没有发明出来，但他一画起来却如痴如醉。

他和几个对上学持同样态度的同学组成了一个"走读生集团"，放学之后，他们经常到位于南特主街和一个广场之角的博丹书店去看书。

书店主人很快就熟悉了这几个好学的少年，还给他们提供了一张书桌。

有一天，凡尔纳竟伏在这张桌子上不停地写了起来。

"儒勒，你在写什么？"

"写一个剧本。"

"嘿，儒勒要当剧作家啦！"

最先发现儒勒在写作的同学几乎对同伴们嚷了起来。

凡尔纳没有理会同学是在嘲笑还是在赞美，他继续不停地写了下去，他写成了一部诗体悲剧，也许这是他在文学上的第一次认真尝试。

他满怀希望地把剧本交给了当地一个小木偶剧团的导演，但是导演看过之后摇了摇头："太文绉绉了，没法演！"

凡尔纳捧着退回的剧本，非常失望，但他不甘心，就来到他姑母的家里，把剧本读给他表姐卡罗利娜·特朗松和玛丽·特朗松听。

因为11岁的凡尔纳已经迷恋上了比他大一岁的表姐卡罗利娜，他要让自己的杰作给表姐留下一个深刻的印象。

可是真让人伤心，卡罗利娜对他的剧本只是不屑地一笑。这真是让这位"娱乐大王"非常不快乐的事情。

多亏玛丽对他还算和颜悦色，给了他一些安慰。他怀着感激之情，还给玛丽写了一首诗：

> 你怀着真诚的同情，分担了我的痛苦，
>
> 你温柔的爱抚，决不是枉然的赐予，
>
> 唯有它给我的力量，使我拭干了悲伤的泪水……

读过五年级以后，凡尔纳于1840年继续到圣多纳蒂安学校重读四年级。

从1844—1845年，他在皇家公立中学读书。在这儿，他又不起眼了。

后来成名之后的凡尔纳回忆起这段时光时说，他并不喜欢那些用功读书的孩子。正如他在1853年3月14日给父亲的一封信里写的那样："噢，对了！小孩子们在童年时期根本不爱学习。但事情往往如此：恰恰是那些用功的孩子，后来总是变成脑筋迟钝的青年、智力低下的成人。"

1838年，皮埃尔在南特内的卢瓦尔河岸边买下了一栋乡间别墅。从小卧室的窗户，可以看见那条河流和被水淹没的宽阔的草地，夏天，沿着河岸，有许多大沙滩，河中还有不少岛屿。

在这里，小凡尔纳的想象力得到了充分的发挥。正如他

在1889年给波士顿报纸《青年之友》写的一篇文章中所描述的那样："从小卧室的窗户，他可以看到那条河流和在冬天将被水淹没的宽阔的草地。夏天，沿着河岸有许多大沙滩，河中心还有不少小岛。他热爱卢瓦尔河，就算不能跟哈德逊河、密西西比河或圣劳伦斯河相媲美，它至少也是法国最伟大的河流之一。"

每逢节假日，儒勒·凡尔纳便随全家来到乡下，尽情享受这美丽、恬静的田园风光。有一天，不知在什么地方。凡尔纳捡到一个褪了色的本子，原来那是一位护卫舰舰长的航海日记。

这大概是在战斗中写下的，字迹非常潦草，然而凡尔纳却心醉神迷地读了好几个小时，当他读到最后一页时，发现上面有残存的血迹。

"到底发生了什么事呢？海上战斗会是什么样的情景呢？"

为此，他陷入了沉思。

为了亲身体验一下幻想的梦境，他和保尔一起，用节省下来的零用钱，到河边租了一条租金为每天一法郎的小船。在河里做海军打仗的游戏，那是多么快乐的时光啊。

可是，每天一法郎，对两个孩子来说，已是一笔不小的费用，他们渐渐支撑不住了，省下那一法郎是多么不容易的事啊。

"哥，我不去玩打仗了，我已好几天没有吃上自己爱吃的鱼片了，还有，如果再这样下去，那个小玩具熊，恐怕回南特的时候，我也买不起了。"保尔开始打退堂鼓。

"好吧，咱们就停止吧。"没有弟弟的参与，自己也玩不成了。

这场"战争"就这样草草地结束了。

最吸引他的还是海洋和自己关于海洋的梦想。无论是南特码头上带来猴子、长尾小鹦鹉和金丝雀的各种船只，布兰卡斯码头上那些捕鸟人的琳琅满目的鸟笼，还是那些出海避暑归来的游客和费尼·库柏小说中的冒险故事，这一切都使他着迷。

初试水手

有人说，一个人一生的作为，取决于他打破束缚他的旧观念的行动，即是说，他的行动打破束缚他的旧框框的力度越大，他一生的成就就越高。从这个角度来说，儒勒·凡尔纳一生成就的开始，应该是在11岁时的第一次不算成功的旅行。

1839年夏，11岁的少年儒勒一心想做个少年见习水手，去闯闯世界，他最想去印度旅行。

以前在码头上逛来逛去的时候，凡尔纳渐渐发现，在那些令他们神往的大帆船上，竟也有一些和他们年龄差不多的孩子。看着那些小人儿和长着大胡子的成年水手一样，在停泊的大船上跑来跑去，忙忙碌碌，真让小哥俩美慕极了。

一天，看到一个孩子从船上下来，儒勒便悄悄地跟上去，等走到一个人少的地方，便紧跟了几步，凑到跟前问：

"喂，你也是水手吗？"

那少年侧过晒得黝黑（yǒu hēi）的脸，见是一个和自己差不多大的孩子，便挺了挺胸脯不无自豪地说："是，见习水手！"

"见习水手？"

"就是先在船上学习，等长大了就当真正的水手！"

"男孩子都能上船当见习水手吗？"

"当然，只要拿到聘约！"

儒勒刚要询问怎样才能拿到聘约，那少年已加快脚步走开，不再理他了。

从此，在儒勒·凡尔纳的心里便萌生了想当少年见习水手的梦想。那高扬风帆的大船，多像一只张开翅膀的巨鸟，把人们带向神秘的远方啊。

可是，要做个见习水手是那么容易的吗？虽然只有11岁，但他不惧怕任何困难，信心十足，可是家里人怎么想呢？谁会同意呢？他甚至想象得出，听见他这个打算时，大家惊讶得瞪大了眼睛的样子。妈妈可能吓得脸都白了。

他只好把梦想藏在心里。

1839年夏天，儒勒·凡尔纳打听到一个消息：码头边的那些大船里，有一艘叫"科拉利亚号"的远洋三桅帆船即将起航开往印度。

他的心剧烈地跳了起来，冒险的时刻到了。曾经激发了他那么多幻想的大海就在不远处向他热情招手了。而且，"科拉利亚号"这个名字，和他所爱慕的表姐卡罗利娜的名字多么相似，使他感到那样亲切，那样具有诱人的魅力。

他想象，在那遥远的印度海域，一定可以捡到许多美丽的珊瑚。他就要乘上这艘和表姐名字相似的大船，给表姐带回一条珊瑚项链，这该是一次多么富有诗意的冒险啊！

　　他终于想好一个完整的方案。

　　不再带保尔，儒勒·凡尔纳独自一个人悄悄地来到了码头。

　　他终于找到了一个从"科拉利亚号"上下来的和他年龄相仿、个头也差不多的少年见习水手。

　　他机警地把那名小水手叫到一个背人的地方。

　　"你愿不愿意出让你的聘约？"凡尔纳开门见山地问道。

　　"干什么？"那孩子很惊愕。

　　"让我上船代替你，当一回见习水手。"

　　那少年水手把凡尔纳上下打量了一番，问道："有我什么好处？"

　　"给你钱。"

　　"给多少？"

　　凡尔纳为了不错过这个机会，把自己一点一滴积累起来的那点微薄的积蓄，倾其所有地报了个数目。最后补充道："这是我所有的钱了。"

　　那少年水手，不知是厌恶了出海，还是当时正需要这笔不算很多的钱，竟答应了出让聘约。

　　协议达成了，还要解决下面的问题：怎样上船？从什么地方上，采取什么方式上，才不会引起船长的注意呢？

　　经过研究，他们认为还得找第三个人来帮忙。因为需要

凡尔纳
FAN ER NA

用小舢舨把凡尔纳偷偷送上船，等凡尔纳替换那个少年见习水手的位置之后，小舢舨还得载着那个少年水手驶回岸边。

筹划好了具体实施方案后，凡尔纳便回家开始了焦急又兴奋的等待。

预定起航的那天早晨，凡尔纳早早就起了床，刚刚6点钟便偷偷溜出家门，穿过在淡淡的晨雾中渐渐苏醒的尚特内村静悄悄的小街，直奔约定好的那条水道。两位少年见习水手已经在那儿等他了。

舢舨悄然离岸。趁着起航前的混乱，他们神不知鬼不觉地登上了那艘三桅帆船。

凡尔纳顺利地替换了那位出让聘约的少年见习水手。

这时，在尚特内村的小别墅里，人们都醒了。

可是当大家都坐到桌边的时候，却还不见儒勒的面儿。妈妈索菲问孩子们："儒勒呢？"

保尔和妹妹安娜都说不知道。保尔补充说："我起来的时候，他的床已经空了。"

索菲以为这个淘气鬼说不定又有了什么新花样，起早到哪个地方玩去了。

可是时间一小时一小时地过去，还不见儒勒的影子，索菲心里越来越不安。她担心儒勒该不会像两年前去打猎的表兄那样，掉进河里淹死吧？该不会跑到采石场去摔断了胳膊腿？……这个不安分的孩子冒险的花样太多了。

保尔和安娜也不安地说："采石场的附近有'歹徒'，那些坏蛋是不是把哥哥绑架了？"

直到中午12点半，午饭的时间都过了，还不见儒勒的人

影。妈妈慌得没了主意，急忙请住在邻近的戈荣上校骑马去给孩子的父亲送信。

皮埃尔·凡尔纳也很着急，他匆匆地赶了回来，尽量镇定情绪，到各处去打听。

终于有了线索。据一位经营猪肉店的女老板说，早晨6点钟的时候，看见儒勒穿过了教堂广场。

皮埃尔又根据这条线索，到教堂广场附近去询问，很快他又在一个小酒馆里，遇到一位正在喝酒的内河船工。他证实，就在他摆渡的水道上，他看见儒勒跟着两位少年见习水手乘坐小舢舨上了"科拉利亚号"三桅帆船。

"那船呢？"皮埃尔迫不及待地问。

"早晨已经起航了。"

"要开往哪里？"

"开往印度。不过，据说晚上很可能在潘伯夫停靠。"

皮埃尔二话没说，转身便走，急急忙忙地奔向码头。

还算幸运，皮埃尔赶上了一艘在这条河上定期往返的最快的汽轮"皮罗斯卡费斯号"，于下午6点钟赶到了潘伯夫。"科拉利亚号"就停在那里。

儒勒刚见到父亲并没感到恐慌和懊恼，倒像是久别重逢的亲人，挺高兴的。因为经过最初几小时的航行，他已渐渐失去了刚开船时的激动和兴奋，对于自己的轻率鲁莽已经开始感到后悔了。

父亲把儒勒狠狠地揍了一顿，然后让他躺在床上，只给他面包吃和淡水喝。

儒勒不得不向母亲求饶，并向母亲发誓说："从今往后，我将只在梦里去旅行！"

这当然只是孩子的赌气话，因为第二年，他就获准同保尔一起，乘坐河上的汽轮，做了一次旅行。虽然路程不长，但也到了卢瓦尔河河口，他们第一次看见了大西洋。

海难演习

与大海的缘分有一部分是儒勒小时候的生活环境使然，而大海给他的那种神秘感则充分激发了他的想象，因此大海对他也更有诱惑力，并时时强烈地纠缠着这个富有想象力的孩子。书本上有关海洋的故事，也使他们心驰神往。

凡尔纳最喜欢读的是英国作家笛福的《鲁滨逊漂流记》和瑞士作家怀斯的《瑞士家庭鲁滨逊》。书中那些生动的故事，丰富多彩的细节，主人公那英勇顽强、扣人心弦的冒险经历，都在他幼小的心灵里掀起阵阵波澜，也激发了他无穷的想象。特别是《瑞士家庭鲁滨逊》，更得到他的喜爱，因为这部作品不是写一个人在荒岛上孤军奋战，而是写一家人一起流浪到一个孤岛的故事，他们共同克服困难，拯救了一个幸福的家庭。

有一天，一个想法在这个富有想象力的孩子的脑海诞生了。于是他学着鲁滨逊的样子，独自跑到了尚特内村下的那段卢瓦尔河的一个小岛上去，假装遭遇了海难。

"这是一件多么有趣的事啊。"凡尔纳一边找一些树

枝，搭起一个小棚子；一边自言自语地说："我就在这儿安身了，这儿能有野人出现吗？"

时间在慢慢地过去，渐渐地，凡尔纳的肚子饿了，刚开始的时候还能忍着，但是饥饿在不断地困扰着他，几乎快把他征服了。

"这可不是一件好事情，那些罹难者所遭遇的是一种怎样的经历啊。他们不但要对付饥饿，还要防备野人，多么可怕啊。"

凡尔纳越想越害怕，越想肚子越饿。"放弃吧，在这里安身，简直是个糟糕的梦想。"凡尔纳在心里念叨着，"还是家好，不但有可口的饭菜，还有保尔陪着我玩儿，等海水退了，我马上就离开。"

海水慢慢退去了，凡尔纳可不想在这里受罪，他急急忙忙地离开了那个小岛，回到家里，坐在桌旁大口大口地吃起饭来。

看着他狼吞虎咽的样子，家里人都很纳闷，他哪有这么吃过饭啊。

凡尔纳就这样结束了他这个非常荒唐的梦想。

这样，夏天也过去了。全家人回到了南特。

这时的凡尔纳已经14岁了，他们家已经搬进了让·雅克卢梭街6号一间宽敞的新房子里，这幢房子几乎就在证券交易所和法院的中间，他父亲大部分事务就是在这个法院办理的。这幢房子建在距河边只有一箭之遥的小山丘上。

这样，凡尔纳仍常常能到码头去，听来来往往的人讲述他们的奇闻。

❈ 爱上傲慢的表姐 ❈

凡尔纳出走的动机不仅仅是去看看海洋，尤其是当他深深地迷恋上他的表姐卡罗利娜后。他想着给他的表姐卡罗利娜带回来一条珊瑚项链。

他对她日益迷恋。虽然她比凡尔纳大一岁，但他经常在学校门口送花给她。

卡罗利娜长得十分俏丽，可行为也不无轻佻。虽然只是个十几岁的小女孩，但已经相当乖巧了，懂得怎样招人喜爱，怎样吸引人，在男孩儿的追求中享受着她的虚荣。

舞会上表演时她那优雅的倩影，从儒勒身边经过时那撩人的回眸一笑，都让她这位感情真诚热烈的表弟神魂颠倒。

一天黄昏，凡尔纳走进了母亲的房间。

"妈妈，我要告诉你一件事。"凡尔纳的脸红了。

妈妈以为他犯了什么错误，便问："发生了什么事，我的孩子？"

"我爱上了表姐卡罗利娜。"小男孩儿羞涩地说。

"这是真的吗？"母亲当然感到十分吃惊。

"她不止一次地闯入了我的梦境之中，而且在这好几个月的时间里，她都占据着我的内心。"

"可是，我要告诉你，我的孩子，这不可能是现实，你表姐可不会有这种想法。"索菲非常了解卡罗利娜，她这样劝着儿子。

"我可不希望这样。要不我会伤心的，我非常肯定，我

真的爱上她了，妈妈。"

小男孩儿有些悲伤。因他无时不在培养对表姐的梦想，为此，他还把他写的一个剧本读给他的表姐听，希望博得他多年钟情的表姐的一个好印象。

卡罗利娜的确让他失望了，因为表姐从来没有认真对待过他。

特别是两人渐渐长大后，卡罗利娜身边的追求者越来越多，她就更不把这位局促笨拙的表弟放在眼里。

儒勒有时愤怒，有时痛苦，感情受到了严重的伤害。

1846年，儒勒·凡尔纳中学毕业。虽然这个出了名的"娱乐大王"在校学习并不刻苦，1844年皇家公立中学的一览表表明，凡尔纳仍然是一个并不出众的学生。他的法语作文是第四名，拉丁语作文是第五名。但是他却轻而易举地拿到了毕业证书。

接着，真正关乎前途的事情还是来了。

皮埃尔早就为他筹划好了，他是家中的长子，理所应当继承父业。

因此，凡尔纳离开学校之后，他父亲便要他开始接受法律教育，把他留在事务所里攻读法学著作，尽管他很不喜欢，可是一时又拿不出什么主意来。

这年冬天，不知从哪里听到了卡罗利娜和别人订婚的消息，这简直是当头一棒。

婚礼在来年4月27日举行，这让他心情更加忧郁。

"我真的一点儿希望也没有了吗？"为此，他苦恼至极，"还是让我死掉吧，我该怎么办呢？"

失望中，凡尔纳在拉盖谢把写过的一个悲剧剧本读给表姐听，再次希望给他这位已经钟情多年的表姐一个深刻的印象。但卡罗利娜对他和他的"那么重要的"剧本只是付之一笑。

　　只有卡罗利娜的妹妹玛丽还对他和颜悦色。

　　此时，凡尔纳的父亲要他开始接受法律教育。因此，他在离开学校之后，只好顺从地定下心来，在南特父亲的办事处里啃法学书籍。

　　后来，他的父母发了点儿慈悲，决定在卡罗利娜结婚的那天允许凡尔纳上巴黎参加首次法律学考试，以便能回避这场婚礼。

　　于是儒勒·凡尔纳便登上了轮船，沿卢瓦尔河逆流而上，到达图尔，再从那里转乘通往巴黎的火车。

　　这是他第一次乘火车旅行。

　　到了巴黎后，凡尔纳住到泰雷兹街2号，那是姑母夏里埃尔的家。

　　姑母的脾气很不好，特别暴躁，平时大家都不敢惹她，所以言行举止都要小心翼翼。

　　住在姑母家的那段日子，凡尔纳感觉很沉闷，这里像一口井一样，缺少新鲜空气。

　　就在这种情况下，并且面临着考试，但他却满不在乎，竟然埋头完成了一个在头一年冬天开始动笔的剧本——五幕诗体悲剧《亚历山大六世》。

　　第一学年的考试，凡尔纳终于对付着通过了。然后，他便南行到父亲的家乡普罗万去住了些日子。

在姑姑们的家里，他受到了亲人们的安慰，重新感受到了家庭的温暖。

当他从母亲的来信中证实卡罗利娜已经举行完了婚礼，便不再耽搁，返回了尚特内村，继续无奈地啃着他的法学著作。

但是那些日子，他总是心神不定，少言寡语，情绪忧郁，有的时候，甚至一连几小时也不见踪影，这让他的母亲很担心。

"唉，又不知躲到哪里去了。"父亲说。

"总是这样闷闷不乐，身体怎么受得了。"母亲也感叹道，"没想到卡罗利娜结婚，对他打击会那么大。甚至不愿意和一些女孩子跳舞，脾气也比以前粗暴了。"

是的，凡尔纳痛苦极了，既为失恋而惆怅，又为不能自由选择自己的前程而苦恼。

因为弟弟保尔报考海军学校，体检没有合格而未能过关，但是不久却到一艘船上做了船员，并于1847年12月随船出海，开往印度洋上的一个岛屿。

凡尔纳真羡慕弟弟，最终干上了自己喜欢的职业，而自己却不得不耐着性子读那些枯燥的法学书籍。

当然，凡尔纳并没有放弃自己的文学创作，他写诗、写剧本，而且有首诗还在南特的文学团体中被传阅过。这使他受到了很大的鼓舞，他确信自己具有一位作家的潜力，一定会写出受欢迎的作品。

1848年，巴黎爆发了革命，工人和群众拿起武器，经过几天的浴血奋战，推翻了七月王朝。2月25日，宣布成立共和国。但是革命的胜利果实很快被玩弄两面派手法的资产阶级独吞，资产阶级开始对工人展开进攻，挑起了内战。

巴黎工人为了保卫自身的利益，6月举行了更大规模的起义，但是由于寡不敌众，起义被资产阶级镇压了下去，一万多名工人惨遭杀害。

巴黎笼罩在白色恐怖之中。就是在这血雨腥风的日子里，儒勒·凡尔纳再度前往巴黎参加第二次法学考试，姑母夏里埃尔年初就离开了这个城市，儒勒·凡尔纳和表哥亨利·加塞住在一起。

他来到街上转了转，看到弹痕累累的墙壁和被毁坏的建筑物，他想象得出这里发生过怎样的情景。在儒勒·凡尔纳忧郁的心境中，又增添了些许的悲伤。

虽然他再次通过了考试，但是也再次尝试到了主考官突然袭击式提问的苦头。他在7月下旬给父亲的一封信里讲述了这种情况和自己的思考。他说：

主考人喜欢挖空心思地寻找一些最难以回答、最出人意料的问题当面质问你，然后又对你说：这些问题，我已经在课堂上讲过了。有些人跟我一样，对这类问题根本无言以对。我心里明白，每当临近考试的时候，人们便后悔没竭尽全力去攻读法学。去年也是遇到这种事……对此，明年必须做出深刻考虑，注意到这一点也是必要的。

这样，皮埃尔出于对儿子前途的考虑，做出决定，让这位三年级的大学生于1848年秋天到巴黎定居。

离开家乡，循着多年的梦想，只身闯荡繁华都市，前途未卜……

第二章

巴黎寻梦

80天环游地球
Around the World in Eighty Days

离开南特

1848年11月10日，凡尔纳选择了这个日子离开南特。

因为这一天，为了庆祝新共和国政府成立，国民议会在巴黎协和广场举行了一个宗教性质的市民庆祝大会，会上新任巴黎大主教将宣读新的自由宪章全文和朗读圣歌《感恩赞美诗》。年轻人自然不会错过目睹这个盛大场面的机会。

也不知道凡尔纳的朋友爱德华·博纳米从哪儿得来的消息，有一辆国民小分队的官方火车将要赶到巴黎去。所以这天的一大清早，皮埃尔几乎还在梦中，就听见有人在敲门了。

一听说自己可以在巴黎定居，凡尔纳很长时间一直处于兴奋之中，他和博纳米已约好今天出发，他听到了敲门声后，赶忙从床上蹦了下来，跑到了门口："是博纳米吗？"

"是的，儒勒，时间不早了，我们得赶紧走，要不然赶不上那辆火车了。"

凡尔纳把门打开后，把博纳米拽了进来，"博纳米，小点声，我父亲还在睡梦中呢。你等我一下，我把皮箱搬出来，然后咱们就走。"凡尔纳向博纳米打了个"嘘"的手势，小声说道。

博纳米这才恍然大悟，现在只不过才凌晨四五点钟。可索菲早就起来了，儿子要走了，自己也心神不定，她为儿子

准备好了早餐，并端到了儿子的房间。

"您好，夫人。"博纳米起身迎接。

"一起吃点吧，路远着呢，会饿坏的。"

"不了。我们现在就走，要不会赶不上火车的。"

"真的等不及了吗？"

"是的，夫人。"博纳米也应声道。

"好吧，我会告诉你父亲的，路上要小心，有难事要回来跟妈妈说。"索菲含着泪说。

"妈妈，我会的。"凡尔纳吻了一下索菲的前额，"您也要保重，祝父亲身体好。"说完，他拎起了皮箱，和博纳米走出了家门。

他们在马路上拦住了到火车站去的公共马车。两个年轻的小伙子便开始了他们的旅程。

凡尔纳坐在马车里，回望着南特。这个曾经生活了20年的港口城市，给了他多少欢乐，给了他多少梦幻。他和弟弟保尔多少次到那著名的布列塔尼公爵的城堡下去游玩，还有那教堂，尤其那帆樯如林、热闹繁忙的码头，都给他留下了多么美好的记忆啊。

可是这里也留下了那么多伤心的事情，他曾深深地爱着的表姐竟嫁给了别人！

这一切都该结束了，包括那么多快乐的时光，还有那些躁动不安的岁月。"啊！我终于要离开你了，因为大伙儿都嫌弃我。但总有一天，他们会明白，人们称做儒勒·凡尔纳的这个可怜的青年究竟是个什么样的人。"凡尔纳在心里恨恨地说。

经过一段时间的奔波，他们来到了火车站。

开往巴黎的那辆载有国民警卫的车还没有开走，但是火车的笛声已经响了，那些警卫们大都上了火车，凡尔纳和博尔米两人一使眼色，跟在几个警卫后面也上了火车。

年轻的儒勒·凡尔纳坐在火车里好奇地向车窗外张望，车窗外，法国中部平原沃野、葱绿茂密丛林、清澈的河水一一闪过。前面就是他久已向往但又陌生的法国首都。

自然，等他们到巴黎的时候，已是这个星期天的晚上，一切都结束了，他们没有赶得上那场空前盛大的典礼。对于这次人们议论纷纷的庆祝活动，他们只不过看到了它的残局，就像烛台上摇摇欲灭的残烛一样。

初到巴黎

初到巴黎的兴奋和激动很快被活生生的现实困境所取代。首先是住处，他们立刻开始寻找便宜的住处，因为像所有学生一样，他们没有太多钱。在怀着兴奋的心情参观了协和宫之后，他们一路风尘，已是很累了。但是他们却不得不拖着疲惫的双腿，拎着沉重的皮箱，开始一条街一条街地寻找合适的房子，也不知踏过了多少级阶梯，穿过了多少条胡同，才在旧剧院街24号找到了合适的房间。那是个带家具出租的房子，租金每月是30法郎。

对于当时的凡尔纳来说，1848年的自由便是巴黎的自由，是自己能随心如意地生活的自由。在一个20岁的青年看

来，自由就像政治信仰那么重要。

而且，他们住的这个地方，正处在塞纳河左岸的街区，这里是作家、艺术家、学生聚居的地区，凡尔纳更有一种离自己梦想越来越近的感觉。

不过，现实生活并不是处处充满诗意。

首先困扰他们的就是钱，他们常常尴尬地面对着催讨房租的女房东。

凡尔纳的父亲皮埃尔怕他只身在外，无人管束，游离浪荡，荒废学业，因此严格控制他的生活费用。所以凡尔纳每月只能拿到125法郎，而房租、伙食两项，至少得花去100法郎，剩下25法郎，还得支付取暖费、照明费、邮票费以及购买日用品的费用。

凡尔纳不得不精打细算，尽量节省开支。

比如，凡尔纳觉得在公寓里吃饭，价钱比较贵，他就到小餐馆里去吃饭。在公寓里一顿简单的饭要花40个苏(苏，法国旧时的辅币，一个苏相当于二十分之一法郎)，而在小餐馆里每份饭只要花32个苏，这样一顿饭就可以省下8个苏。为了节省开支，有时候凡尔纳甚至一天只能吃一顿饱饭。

凡尔纳的钱那么少，社交生活本来会是很窘迫的。可是，在他的堂叔、画家夏托布尔格前来巴黎后不久，便把他介绍给进德·约米尼太太、德·玛丽安妮太太和德·巴雷尔太太（他母亲索菲的熟人）的沙龙。在这几个地方，常常有些知名人士来往。

可是，对于充满强烈求知欲望、满怀雄心壮志来到巴黎的青年人来说，生活的意义不是简简单单的生存，他们还迫

切地需要学习。

　　已经迷上了戏剧的凡尔纳，在巴黎这样一个文化大都市，面对着不断的戏剧演出，常常为没钱而苦恼。

　　一天，他跑到剧院，找到了老板，很羞涩地悄声说："先生，我非常想看您这里上演的戏剧。"

　　"谢谢，那您就去我们的剧场吧。"老板微笑着说。

　　"可是我有一件事情，必须向您说清楚，我没有钱。"这件事很让男人伤自尊心，也难说出口，"我该怎么办呢？"

　　"我可以让你白看一场戏，出于人道的话。"老板沉默了一会儿说，"但是我不能每场都让你白看吧。嗯，对了，你看这样行不行……"

　　老板的话还没说完，凡尔纳就说："能让我看上在这儿演出的戏剧，我为您做什么都行。""我们这儿每上演一场戏，都需要一些特别的观众来捧场，目的是为了某几个演员或某些剧情不断鼓掌叫好，这样可以达到不花钱看戏的目的。尽管这里会有些演员、剧情很让观众不喜欢，但你必须这样做，你能做到吗？"

　　"能！当然能！"凡尔纳不假思考地回答着。

　　"我还可以告诉你，在巴黎，其他剧场也有这样的规定，你如果真的喜欢看戏，都可以这样去做——当个不花钱的捧场观众。"这个消息可真让凡尔纳兴奋不已。他回去后又把这个消息告诉了博纳米，那一天，他俩像过圣诞节一样。

　　既然有戏看了，自己还想买一些名家的戏剧书籍。这天，凡尔纳又站在书店的橱窗前，那里摆着精装的莎士比亚和司各特全集。望着那很久就渴望得到的书，凡尔纳甚至全身产生了一阵阵神经质的颤抖。

博纳米关心地说："向父亲提出请求，额外给一些买书的钱吧。"

凡尔纳摇了摇头，很无奈地说："12月初，我已经向父亲提过，我说我很想买一套莎士比亚全集，但是他拒绝了。"

看见博纳米惊讶的样子，凡尔纳补充说："他认为我这是一种非分的要求，他只希望我学好法律。"

望着自己喜欢的书不能买到手，凡尔纳经受着欲望得不到满足的折磨。后来，他还是把这套精装版的莎士比亚全集买到手了，他的办法是节衣缩食，连续几天没有正经吃上一顿饭，只以干梅子充饥。

初涉作家圈子

为了获得更广博的知识，凡尔纳接近文学界，特别是为了满足对文学的兴趣，当时风靡巴黎的沙龙活动对他产生了强烈的吸引力。

这时，正好凡尔纳的姑父——画家夏托布尔前来巴黎参观美术展览，顺便看望朋友，便把两个年轻人相继介绍进了三个文学沙龙。

在文学沙龙里，常常有些知名人士来往，进入沙龙的

客人们也大都穿戴讲究，衣冠楚楚。可是凡尔纳由于生活拮据，连一套像样的衣服也没有，这让他很苦恼。

为了不失去与文学界交往的机会，他只好与博纳米轮流穿一套晚礼服和一双漆皮鞋。每天晚上，他们俩就这样你出我入，轮换着走进文学沙龙，开始了他们在巴黎最初的社交生活。

起初，凡尔纳常常出入于若米尼太太和马里亚太太的沙龙，但他很快就发现，若米尼太太的沙龙很具有浓厚的政治色彩，若米尼太太一开口便是滔滔不绝的一大篇政论，凡尔纳听了实在索然无味。

面对马里亚太太宾客们的谈话，凡尔纳感觉有点儿像那些经常被触摸的青铜人像，表面变得油光滑亮，而其实只是虚有其表，过于庸俗而缺乏诱惑力。

在这段时间里，即将举行的由拉马丁、卡芬雅克和路易·拿破仑参加竞选的共和国总统选举，受到了巴黎市民的极大关注。然而凡尔纳现在已经隐隐约约地意识到，政治不是他的正业，所以他更关心社交生活了。

不久，凡尔纳成了巴雷尔太太沙龙的座上宾。在巴雷尔太太的沙龙，他认识了《自由报》编辑戴高乐伯爵。显然，这位巴黎编辑对年轻的布列塔尼人印象很好。当然儒勒对戴高乐也有好感，儒勒随后在家信中写道："这位戴高乐先生是维克多·雨果的朋友。如果雨果同意接见我，他将陪我……"

科拉尔是维克多·雨果的朋友。雨果是法国浪漫主义文学重要作家，自1827年出版了诗剧《克伦威尔》，并在其前

言中发出著名的浪漫主义宣言之后，接连发表了许多浪漫主义的戏剧、小说和诗歌，成为法国浪漫主义文学运动的领袖和最具代表性的人物。

当整个巴黎处于新旧两种思想激烈冲突的年代，像凡尔纳这样头脑清醒、思想敏锐的热血青年，心里的压抑可想而知。凡尔纳深知父亲的正统保守思想，为了不惹恼父亲，在家书中小心谨慎地不谈政治，但有时也不免"走火"。他有封信中写道："让部长、总统和国会通通见鬼去吧！而激荡我们心灵的诗人永世长存！"这里所说的诗人，他特指维克多·雨果。

凡尔纳对雨果倾慕已久，科拉尔答应凡尔纳，一定找个机会带他去见见这位著名的浪漫主义诗人。这使刚刚走进文学圈的年轻的凡尔纳激动不已。

不久，在巴雷尔太太的沙龙里，凡尔纳又认识了一位醉心于手相术的骑士阿尔彭蒂尼。这次相会，对他的一生产生了重要影响，因为就是这位手相术专家把凡尔纳引到了著名小说家大仲马的面前。

◎维克多·雨果：19世纪浪漫主义文学运动领袖，人道主义的代表人物，被人们称为"法兰西的莎士比亚"。其代表作是：长篇小说《巴黎圣母院》、《悲惨世界》、《海上劳工》、《笑面人》、《九三年》。

手相术在当时是一种颇为流行的伪科学，大仲马对这门"学问"挺感兴趣。就凭这种关系，经阿尔彭蒂尼的介绍，凡尔纳走进了大仲马的寓所。

凡尔纳在这里还结识了大仲马的那位于1848年因发表了小说《茶花女》而一举成名的儿子小仲马。

热情好客的大仲马，用自己特制的菜肴款待了这位好学的外省青年。交谈中，大仲马还十分赞赏凡尔纳敏捷的口才。

大仲马当时已有大量剧本上演并引起轰动，还连续发表了《三个火枪手》、《基督山伯爵》等风靡整个法国的著名小说，是一位正处于辉煌顶峰的小说家。凡尔纳受到了大仲马的器重，感到受宠若惊。他在给父母的一封信里写道："的确，这可真是一件极其美好的高兴事儿，能与文学直接接触，而且当话题徘徊于拉辛与莎士比亚、司克利卜与克莱维尔之间的时候，你就能感觉到这种接触是千真万确的活生生的事。"

1849年2月，由大仲马亲自指导，在他创办的历史剧院上演了《火炮手的青春》，这是根据他本人的著名小说《三个火枪手》的第一卷改编的。凡尔纳作为大仲马的客人，第一次在他的包厢里看这天晚上的演出。

在演出的过程中，大仲马一直看得津津有味，兴致勃勃，而且常常激动得无法抑制地把剧情发展的所有细节都讲给了大伙儿。

凡尔纳看见了许多著名的人物，有将军、作家、诗人相继走进了大仲马的包厢。

凡尔纳受到了大仲马以及这种文学氛围极大的激励。

这期间，为了获得更多见习的机会，凡尔纳在剧院管理方面做了大仲马的忠诚助手，并继续勤奋地接连创作剧本。

凡尔纳
FAN ER NA

在这期间，他写出了五幕诗体悲剧《火药商的阴谋》、独幕喜剧《拉伯雷的一刻钟》，五幕悲剧《路易十五时代的一场悲剧》，两幕滑稽歌舞剧《阿布拉达》等戏剧作品。

凡尔纳把这些剧本，都陆续地送给了大仲马，他很希望能有一个在历史剧院上演。

大仲马很有兴趣地阅读了他这位学生的所有剧本，最后选了其中一个诗体独幕喜剧《折断的麦秆》(又译《无聊琐事》)排练演出。

折断的麦秆

大仲马从不长时间逗留巴黎。他乘自家的豪华游轮去阿尔巴尼亚搞一次大肆张扬的旅行之后，就蛰居在圣日耳曼城的"基督山"城堡里面。大仲马一面修身养性，一面在他那神奇的宫阙里宴请千百位各路宾客。

哥特式的塔楼从环绕城堡的参天古榆树中脱颖而出，首先给予人以神秘浪漫的印象。现实环境比起儒勒所想象的更具有幻想色彩。儒勒与大仲马的初次会见，没有像与维克多·雨果那样有种爽然若失的感觉，他觉得雨果过于气宇沉稳和淡雅平和。而大仲马则是个不同的人。

凡尔纳的诗体独幕喜剧《折断的麦秆》得到了大仲马的推荐。1850年6月12日，历史剧院上演了这出戏并受到了热烈的欢迎。

虽然《折断的麦秆》只是一出微不足道的小戏，但对于

凡尔纳来说，这次上演却是一个重要的开端。

《折断的麦秆》剧情并不复杂：一个老头有个年轻的妻子，妻子看中一条项链，而丈夫却拒绝把妻子喜欢的这条项链给她。于是两人决定采取当时流行的方式来打赌，以确定这条项链最终的归属：他们折断一根麦秆，规定从这一刻起，谁要是接受了对方任何一件物品便算输，项链便归对方所有。两人都挖空心思，想使对方在措手不及中接受自己的东西，但都没有成功。后来丈夫有事出门，妻子找来了从前的情人。丈夫归来，妻子便让使女把情人藏进了壁橱，丈夫有所怀疑，便向使女要壁橱的钥匙。结果，他得到了钥匙，却输掉了这场赌注，项链归妻子所有了。这个剧目在巴黎连演了20场，受到了观众的欢迎，也被巴黎的批评家们所肯定。虽然这个剧目的演出使凡尔纳总共只得15法郎的微薄报酬，但他心里却很高兴。因为他发觉自己已经受到了上流社会的赏识，而这正是自己所需要的。

朋友们还在一位作曲家的住处，为他举行了一次庆祝会，参加的全是比较年轻的诗人和作曲家。庆祝会后，包括凡尔纳在内的11个年轻人，组成了一个自称为"十一条光棍"的聚餐俱乐部，每星期在一个小餐馆聚餐一次。

这期间，凡尔纳恋爱了，那个姑娘名叫玛耶·阿巴内斯，西班牙犹太人，是巴雷尔太太雇来做伴儿的年轻小姐。大仲马一有机会就向她献殷勤。而凡尔纳虽然是个身材高大的小伙子，但他却很腼腆，他总是独自前来。这个姑娘一眼就看上他了。

有一天晚上，玛耶靠近了他。

　　"凡尔纳先生，您明天有时间吗？"姑娘含情脉脉地说。

　　"需要我为您帮忙吗，玛耶小姐？有什么事，您尽管说。"凡尔纳客气地说。

　　"我这里有两张戏票，是明天的，是大仲马先生送的，我想约您和我一起去，可以吗？"

　　"当然！"凡尔纳高兴极了。他望着玛耶的眼神，他知道，爱情降临了。

　　为此，他们度过了一个愉快的夜晚，然后他们在塞纳河岸边的一家小餐馆里，找了一个幽静的地方就餐，凡尔纳在这里向玛耶表白了自己的爱情。

　　玛耶本已学会对男人们的绵绵情话装聋作哑，但她这次却没有听到自己内心发出的明智的呼声。

　　第二天早晨，她在这学生住的冰冷的房间醒来后，感到有点羞怯。

　　凡尔纳给她留了张纸条："请小姐原谅那个昨天深夜把你带到这间简陋的宿舍里来，想侮辱你的可怜的男人吧！"

　　这位年轻的姑娘在同一张纸条上回复："我将在同一个地方等你。相信我，你的床铺是我睡过的最舒适的床铺。"

　　他们一直保持着恋爱关系，这时玛耶对凡尔纳很重要，因为玛耶，因为爱情让凡尔纳诗兴大发，并激发了他许多灵感。他在他的笔记本上又增添了许多诗歌，并随心所欲地创作了一些因玛耶引起的爱情戏剧脚本，凡尔纳感觉到了幸福并不是幻觉。

　　《折断的麦秆》让凡尔纳的内心辉煌了一次，尽管在经

济上他非常困难，但因为玛耶的爱情和自己的作品第一次上演，他还是快乐的。

✳ 和父亲的分歧 ✳

凡尔纳希望，与大仲马的联系将激励他在文学事业上的雄心壮志，即使在他当了一名律师的时候，他还盼望着自己写的剧本能有一个在历史剧院上演。

1850年，凡尔纳回到了南特。他发现他在故乡已经成了一个小有名气的人物了，朋友和熟人都来向他借剧本。

11月7日，在南特的格拉斯林剧院也上演了《折断的麦秆》，全城的上层人物几乎倾巢而出，批评家们也对此剧普遍抱着善意。这出戏是当时典型的通俗喜剧，不过台词有点刺人。在南特所经历的坎坷遭遇和痛苦回忆，使年轻的凡尔纳伤透了心。

有一位批评家觉得剧情有伤风化，他告诉人们："只是由于作者的美德和才智，才使这出戏为人们所接受。"

另一位批评家说："这件温文尔雅的琐事，给所有的老年人规定了一种不幸的道德风范，对于任何50岁以上的丈夫来说，这的确是一出使人绝望的戏。"他在为剧中的老丈夫悲伤。

凡尔纳的父亲为剧中"有伤风化"的台词而深感不安，他怕儿子成为一个"危险"的作家，便总想使儿子停下走在

文学道路上的脚步。但凡尔纳觉得这出戏是不足挂齿的。

在返回巴黎途中，他责备自己"在科学出现了多种奇迹并向着未知世界挺进时，自己却在老路上踯躅（zhí zhú）不前。"

凡尔纳满怀激情地接近文学家，一开始就引起了父亲的不安。凡尔纳曾在给父亲的信上谈到自己对文学的看法：

令人遗憾的是，该死的政治用暗黄色的帷幕（wéi mù）遮掩了诗歌的美貌。只要在法国还存在一位能触动我们心灵的诗人，就让首相、总统和议会统统见鬼去吧。正如历史所证明的那样，政治完全是偶然的、短暂的。我赞成歌德的这句话："能够使我们幸福的没有一样是幻觉。"

皮埃尔认为儿子的这种想法十分危险，他写了一封措辞严厉的信，力图阻止儿子与艺术界的经常来往。他不能让巴黎的艺术界毁灭了他的儿子。

凡尔纳先反驳了父亲的偏见，他说："我非常感谢您的忠告……可是……在这些艺术团体当中，既有坏的东西需要摒弃，也有好的东西需要吸取。"

他还说不要一听到"艺术团体"这个词儿便骇然生畏，大惊小怪。

为了让父亲放心，他接着表示对于法学一定会好好学习的，凡尔纳说："下星期二就要进行考试。我向您保证，我将对这次考试竭尽全力，我必定能通过这次考试。"

凡尔纳没有向父亲表示离开法学，他说他自己不会偏离既定的目标。

凡尔纳从南特返回了巴黎，这回他搬到了远离学生区的

右岸。他本来应该从事毕业论文的研究工作，以便呈交给学校。但实际上他的脑海里老是思索着各种科学奇迹，老是盘算着如何把这些奇迹写到文学作品里。

过了一段日子，凡尔纳终于通过了毕业考试，获得了法学学士学位。之后他和父亲的矛盾分歧再也无法避免了。

按照父亲的心愿，凡尔纳毕业后应该返回南特，接管家里的法律事务所，皮埃尔年纪大了，该退休了。然而凡尔纳却决定留在巴黎当作家。

凡尔纳说："我留在巴黎是命中注定的。我可以成为一个出色的作家，但如果当个律师，我绝对不会比一个蹩脚的律师强。因为我只习惯看到事物有趣的或艺术的方面，而对于严谨的现实，我是看不到的。"

因此，他拒绝接受父亲的业务，这使老人非常伤心，也非常痛苦。因为从凡尔纳出生的那天起，他就把自己所有的希望都寄托在儿子身上，希望他能做律师工作，但凡尔纳却执意不从，他告诉他爸爸皮埃尔："唯一真正适合我干的事业，是我正在追求的事业——文学。您的提议使我深受感动，但在这件事情上，我无疑应该相信自己的判断。如果我接受了事务所，您的业务只会江河日下。"

这样，凡尔纳放弃了法律，决定当个作家，前途是凶是吉，他一概不予理会，执著向前。

皮埃尔知道儿子已经长大了，主意已定，自己拗不过他，只好让他自己去开辟前程。皮埃尔很难过。

就在父子二人争辩不休的时候，玛耶前来看凡尔纳，她告诉他：她打算同一个从里昂来的工业家订婚，她不想为爱情吃苦受罪，而宁愿过一种轻松的生活。

"你是对的！"凡尔纳告诉她。

事实上，她的确正在选择，她嫁给了一个工业家，而不是一个正在受冲击的贵族。从凡尔纳童年时代起，工业革命就已经在法国全面展开。繁荣和变化即将到来，而促成了这些繁荣和变化的科学和技术，对凡尔纳也越来越具有魅力了。

怪老头

如果说，凡尔纳在能够声称自己是一个文学上有造诣的人以前，经历了许多年的时间。那么，他成为一个富翁，所用的时间就更长了。他的家庭，特别是他的母亲，很自然地要为凡尔纳担忧，他真的能靠写作谋生吗？凡尔纳放荡不羁的生活方式使得这些烦恼与日俱增。1852年冬季这段时间里，由于贫穷，凡尔纳不得不与一帮不三不四的家伙住在同一栋公寓里。

他交了两篇故事给《家庭博览》的编辑皮特里·薛瓦利埃。第一篇是《墨西哥海军的第一批舰队》，另一篇是《加利福尼亚城堡》。当他的父亲中断给他的津贴时，他只能试着为前来参加法律考试的学生补习功课。后来，他进了一间律师事务所当办事员，干了8个月之后，所得的工资也不过和一个清洁工的薪水相差无几。

1850年，儒勒·凡尔纳在荆棘丛生的文学道路上刚刚起

步的时候，一个热情开朗、性情怪癖的老头儿闯到了他的生活中来。

那天，在南特皮埃尔的法律事务所里，凡尔纳也来了，他在帮助父亲分析一个诉讼文件。

尽管他不想做律师，但他也不想让父亲彻底伤心，借着这几日没有动身去巴黎，还是帮一帮父亲吧。

父亲的背已有些微驼了。尽管事务所的生意很不错，但是自己只长两只手啊，由于凡尔纳的原因，皮埃尔的心情很不好，但是又能怎样呢？

"这是一桩关于水手的诉讼事件，"父亲说："那些水手反叛了他们的船长，因为他们的船长和其他的上司对他们太苛刻，不但得到的薪水少得可怜，而且是长时间劳作，身体上受到了严重的侵害。没有想到，水手们竟然聚集在一起，聚众谋反，胆子也太大了。"皮埃尔语气很沉重。

"父亲，他们是对的。都什么年代了，现在不是奴隶社会了，这是他们应有的权利。保尔就快回来了，我希望他会生活得很好。"

这时，事务所的门开了，一个老头儿走了进来，父亲向凡尔纳介绍说："这就是为那些反叛水手做辩护的先生，名叫雅克·阿拉戈。"

阿拉戈是由一个仆人带领着进来的，凡尔纳看清他是一个双目失明的人。"反叛水手？真是冤枉那些英雄人物了。那些可是我最可爱的孩子。"这个老人说道，他可不爱听这话。

"噢，对不起，失言了。这是我的长子儒勒·凡尔纳，

刚从巴黎回来，是学法学的，但他却让我失望，他不肯成为我的事务所的继承人，而要成为一名作家。"

"是吗？好啊，年轻人。等我在这忙完这件事，咱们到巴黎好好谈谈。"他真的很诚心，并把在巴黎的住址告诉了凡尔纳。然后又说："我也算是个作家吧。我写了一本书《环球旅行》，听说很轰动。"

"您就是那个写《环球旅行》的阿拉戈？"凡尔纳激动地说。

"是的。"

"那我一定会去的。"

不久，凡尔纳回到了巴黎，那个星期日的晚上，他真的去拜访这位老人了。

他们谈了很长时间。

老人告诉凡尔纳自己快乐的一生。

他虽然双目失明，但他却不在乎，他曾创办"阿拉戈航海协会"，并且盲目地或者可以说简直是疯狂地将一些对他表示信任的淘金者，带到美洲加利福尼亚去采掘金矿。他很爱探险，也很爱旅游，现在身体虽然不太好，但他仍不放弃，这也许是受他哥哥的影响，他哥哥阿拉戈是位颇负盛名的天文学家和物理学家。

凡尔纳全神贯注地听着。这位老人说的故事深深地吸引了他。

"有很多人不理解我，说我很古怪，我才不管那些呢！只要你觉得自己从事的职业会使自己快乐就行了。我在南美洲的时候，曾看过一种植物，是一种巨大的蔓生植物，说

了也许你不相信，它竟然有几古法里(1古法里=4公里)长，我 顺着这种蔓生植物一直走到了巴西的里约热内卢上方的小山上 。"

之后的一段日子，凡尔纳常常光顾阿拉戈的家。在这里，他经常遇到其他一些探险家、地理学家和科学家。他和他们兴致勃勃、海阔天空地谈着，并重新撩起孩提时代的幻想，好像重新见到了靠泊在费多岛四周的大船，"科拉利亚号"展开风帆，把他带到了那些遥远的国度，还激发了他从小培养起来的探索热情。

在那些人科学精神的感召下，凡尔纳的好奇心转向了地理方面，而且这种好奇心异常强烈，从而使他对各门科学都产生了兴趣。他开始如饥似渴地学习各门知识，每天5点钟起床就伏案攻读，还常常到国立图书馆广泛涉猎地理、数学、物理、化学等各类书籍，积累了两万多张文摘卡片，为他日后施展雄心打下了扎实的科学基础。

❋ 生活窘困 ❋

这次的选择已不在律师和文学家之间、雨果和大仲马之间进行。此时，他面前有两条出路，一是效忠拿破仑三世，仰承他的鼻息，不得有一点微词，成为扼杀共和制刽子手的鹰犬、帝制的吹鼓手；另一条出路，像雨果那样，与之战斗。儒勒·凡尔纳不了解他的祖国。因此，他只能选择另一条道路，心甘情愿地逃避现实，龟缩在塞纳河左岸奴维尔大

街18号五层楼那个房间里，并开始新的生活。首先，暂时放下文学创作，去抒情剧院即以前大仲马的历史和民族剧院工作。

但是要在这条路上走下去有多难啊，最重要的是经济上的困窘。对于当了作家的生活，凡尔纳并没有奢求稍许的优裕，但是总得维持最起码的生活条件，家里本来给他的钱一直很少，他总是手头拮据，如今已毕业，得想想怎样让父亲减轻一些经济负担，那么就应该去寻求一个合适的职业。

索菲知道自己的儿子在巴黎生活得很困难，非常担忧："亲爱的，多给儒勒一些钱吧，要不会把他饿坏的，他一直也没有一件像样的衣服，那怎么行呢？"

"还多给他一些？我还想把剩余的钱去买几条金鱼呢！律师的职业前景多好，可他却从事什么文学创作，当个什么作家？"父亲对凡尔纳的怨气还没有消。

"我也正担心这一点，他靠写作能维持生活吗？他真的应该找一份正经的职业，他这样浪荡怎么能行呢？"

"我一直就想中断给他的津贴，好让他在外面多吃点苦头，好让他放弃写作的念头，赶紧回来接替我。现在我的事务所生意很好，我不想就这样结束了我的律师生涯。"

父亲要中断凡尔纳的经济来源，母亲可受不了，她偷偷地为儿子寄了些钱去，但是这又能解决多大的问题呢？

父亲知道了他居然给人上补习课，很为他难过，就想趁机说服他回心转意，还是回到南特接他的律师事务所。

凡尔纳还是执著地坚持他的理想，他诚恳地向父亲做了解释："我去上补习课没别的目的，只是想尽量减少父亲给我的津贴……我这样做的动机，首先是文学，因为我只有在这方面取得成功，因为我的思绪始终不变地集中在这一点上！……我或者投身法律，或者干脆不干，倘若从事两种职业，其中一种必然扼杀另一种，而律师职业将使我没多大长寿的希望。"

1851年9月，凡尔纳又得到了一次机会：爱德华·韦赛斯特，是抒情剧院的经理，他需要一名助手帮他做开张的准备。大仲马把处于经济困难中的凡尔纳推荐给了韦赛斯特。

韦赛斯特从沙龙的朋友们的赞誉中，对凡尔纳的才华有所耳闻，于是凡尔纳被任命为抒情剧院韦赛斯特的秘书。

凡尔纳终于有了一份相对稳定的职业，每月至少可以得到100法郎的收入。但是凡尔纳并不想领取这100法郎的薪金，他宁可一分钱也挣不到，只满足于义务地履行职责，这使他的父母感到奇怪。

凡尔纳说："我加入了剧作家协会，该协会不允许经理在自己的舞台上演出他或他的职员编写的剧本。因此，我写的一个歌舞剧之所以被我所在的剧院采纳，那是因为我只是以业余爱好者的身份参加该剧院的工作，所以我领不到薪金。"

凡尔纳为剧院经理秘书这个职业感到欣喜若狂。那是由于他感到从此以后与戏剧事业有了更直接的联系，可以和剧院经理相互帮助，"经理需要我，我需要他，我给他付出我的一部分时间，他接受我的一个剧本……"

但是，凡尔纳还是没有从困窘中解脱出来，他把自己

当成了一个戏剧家，靠一点微薄的收入，坚持着他狂热的写作，在短时间内，他创作了各种样式的剧本。然而这些剧本大多微不足道，很少获得较大的成功，绝大部分没有上演的机会。

▲ 儒勒·凡尔纳和家人在一起

读法律和潜心写作成了凡尔纳生活中最重要的两个部分。而戏剧和小说创作他也是齐头并进的。虽然戏剧方面频频碰壁，但是小说创作却渐渐有了起色。

1851年，凡尔纳结识了出版商皮特尔·谢瓦利埃，他是《家庭博览》的编辑，是凡尔纳的同乡。他们的关系处得很好。

这一年，皮特尔·谢瓦利埃向凡尔纳约稿，凡尔纳试笔写了一部小说《墨西哥海军的首批舰队》，并发表在四月的《家庭博览》杂志上，这篇小说情节十分离奇曲折，全篇穿插了许多地理、经济、植物及航海方面的知识。一个月后，凡尔纳的另一篇幻想故事小说《乘坐气球旅行》也在同一杂志上发表。

　　第二年，凡尔纳在抒情剧院任秘书期间，在完成本职工作之余，继续从事戏剧创作，但他并没有放松曾经初显身手的那种新体裁小说的创作。这年七八月份，在皮特尔·谢瓦利埃帮助下，他在《家庭博览》杂志上又发表了一篇小说《马丁·帕兹》。这是根据阿拉戈的朋友、秘鲁画家梅里塔的一组水彩画创作的历史故事编写的。

　　《马丁·帕兹》是一部历史小说，这是他根据秘鲁艺术家梅里诺的一组画写成的一篇历史故事，凡尔纳是在阿拉戈的家里见到他的。那时候，凡尔纳在那里住过好几个月。这是一个发生在利马的描写爱情和革命的戏剧性故事。作品的特点是强调了天主教教义，而这正是他后期著作所缺少的。这部作品显示了这位年仅24岁的年轻作者娴熟的文学技巧和广博的史地知识。一个叫夏尔-诺埃尔·马丁的评论家说："在写景方面，儒勒·凡尔纳跟雨果一样，是个充满幻想的人。他从心底里看到各种场景，然后以令人惊诧的准确性将这些场景写出来。这种准确性使人想到画家的观察本领……儒勒·凡尔纳取得成功的最大秘诀在于，他善于让千百万读者见到他自己从内心里见到过的东西。"

　　就连他那位对文学界一向抱有成见的父亲读了这部小说

之后，也对儿子的才华大加赞赏，甚至怂恿他去申请文学院的奖金。但凡尔纳却认识到，这篇东西即使好，也不值得惊动那些学士院大人们。

因为凡尔纳经过几年的闯荡生活，已使他对巴黎文艺界有一些认识，他断言拒绝父亲的这种好意劝告："要获得这种奖金，就是像加入法兰西学士院的荒唐合唱那样施展诡计……与其施展诡计，不如做点更有益的事情。"

有时真是无心插柳柳成荫，他对戏剧的痴迷程度要比小说高出许多倍，但他的小说却成功了。不过他没有放弃戏剧的创作，他告诉他的父亲："眼下，我的列奥那多·达·芬奇，把我的整个身心全占据了。"这是指他的五幕诗体喜剧《蒙娜丽莎》。在这期间，他还创作了两出独幕歌剧。

1854年4月，凡尔纳的另一部较长的中篇小说《扎夏里尤斯师傅》出版了，这部作品同样是应他的好友皮特尔·谢瓦利埃的要求为《家庭博览》杂志撰写的。

《扎夏里尤斯师傅》写的是一个把灵魂卖给魔鬼的瑞士钟表匠。故事描写了一个邪恶的闹钟，它实际上是一个时间精灵。

皮特尔给了凡尔纳很大的自由空间，让他随心所欲地创作自己喜欢的小说。

在《扎夏里尤斯师傅》发表之后，为了集中更多的时间和更大的精力撰写他乐于撰写的东西，他辞去了剧院秘书的职务，并搬到了博纳-努韦尔林荫道18号七楼的一个房间里，埋头攻读和创作。

不久，他又写出了一部新的小说《在冰川过冬》。这部小说充分再现了他前两年在敦刻尔克逗留的短暂日子里难以忘怀的情景。

敦刻尔克是法国北部的大海港。这个海港天气阴霾，浊浪汹涌，常使游客大为扫兴，这反而引起凡尔纳内心深沉的回响，为他丰富的想象力提供了养分，他通过虚构的一个年轻船长为援救一艘遇难船只，而被迫在一块大浮冰上孤零零地度过寒冬的故事，展现了凡尔纳对北冰洋和神秘冰川的联想。

士别三日，当刮目相看。这段时期，凡尔纳获得了非常的成功，这要感谢那位出版商兼编辑的皮特尔先生，他使凡尔纳看到了希望。

凡尔纳对皮特尔说："你是我最好的朋友，也是最好的合作伙伴，那些作品的出版，都是你的功劳，我非常感谢你！"

这的确是真的。皮特尔却谦让地说："都是因为你的作品太优秀了，我不忍心看到它们躲在你的抽屉里。"

第三章

家庭与事业

渴望婚姻

儒勒·凡尔纳长年独处，日久孤寂，加上夜以继日地不间断地学习和写作，又患上忧郁症、失眠病、胃痛、耳朵隐隐作痛。面部神经麻痹又波及到左眼和嘴角，而且常常发烧。何况这个人人自危、世态炎凉、人性冷漠的社会更使他心灰意冷。心中烦闷无处倾诉，疼痛无人理睬，渴了无人递杯水，饿了啃口面包。儒勒多年来期盼有个伴侣，此时更加急切。他说："两个人在一起，贫困无疑更易于忍受。"

《家庭博览》的编辑皮特尔让凡尔纳在文学领域获得了成功，这是一件幸福的快乐的事情。

但在这段日子里，凡尔纳忧伤了，不为别的，他看到了朋友们一个个都结了婚，而且过上了美满的日子，自己呢，还是那"十一条光棍"里的一个成员。以至于婚姻问题成了他的烦恼。

儒勒·凡尔纳不必自愧弗如人，世界上男女各半，阴阳总会相遇。爱神虽然姗姗来迟，终于也会到来的。

在给南特的朋友欧内斯特·热纳瓦所的一封信中，他怂恿说，既然还要为经济问题操心就别急于结婚。毫无疑问，他这样说时内心是很痛苦的。他们的朋友特凡·阿尔格朗近来也结婚了，但凡尔纳假装说，结婚是一个年轻人所能犯下的最糟糕的错误。

然而只有凡尔纳自己知道他心里有多焦急。

他给妈妈去了封信："亲爱的妈妈，您应该帮我办婚

事了。我愿意接受您为我挑选的任何一位妻子。我将闭上眼睛，打开钱包来娶她。"

▲ 贫困失意的凡尔纳

有位南特姑娘叫埃卢赛·大卫，当她和她父亲到戏院来索取免费戏票的时候，他很想知道她真正的用意是什么。

"她会是想寻找一位丈夫吗？"凡尔纳在一天工作之后，望着父女二人离去的背影，这样自言自语道。"她可是我曾向母亲说过的自己钟情的一位姑娘啊。按常理来说，我想她会喜欢我的，我虽谈不上英俊，但我也很有才学啊！"

凡尔纳真是自作多情了。不管以后凡尔纳怎样向这位姑娘表白，最后还是落了一场空。为此，他失望极了。

1854年，埃卢赛·大卫在南特嫁给了一个商人。

爱情又一次从他的身边溜走了。

凡尔纳虽然在事业上取得了一定的进展，但他的生活还是很拮据的。母亲仍要为他的衣裤鞋袜操心。

"是啊，现在看我这个贫困的作家在吃些什么吧。"凡尔纳自我嘲笑着说，"我吃的马肉一定是那些拉过许多公共马车穿过巴黎的老马的肉。"

他还很年轻，但他的身体却像父亲一样，实在很不稳定。他患着神经痛，胃病也很厉害，在他经济能力负担得起的时候，他就试图以增加食量来减轻病痛，可没钱吃饭时，就只好忍受剧烈的急性腹痛了。

他母亲担心他吃马肉会伤身体，便偷偷地多次寄钱给他，他非常感谢他的妈妈。凡尔纳相信，自己的日子会过得好的，将来一定会富起来，这个日子一定不会很远。

1854年元旦在南特的化装舞会上，凡尔纳编了一个文娱节目，他和他的朋友们参加了这个节目的演出。

他穿了一套类似他舅舅"漂亮的阿洛特"穿着去参加他的洗礼并引起了骚动的、纨绔子弟式的奇装异服。自然，他这种巴黎人的气质，使姑娘们都为之倾倒，但姑娘的父亲却并不那么热情，总是用怀疑的眼光盯着他。

舞会上，凡尔纳和一个叫劳伦斯的姑娘混得很熟，并想约她明天一起到海边散步，劳伦斯穿着一身吉普赛人的服装。劳伦斯说，她的鲸须胸衣扎得她肋部很不舒服。凡尔纳听到了她的话，于是向她鞠了一躬，并低语道："啊！我愿到那海岸去为您钓取鲸须。"劳伦斯的父亲可不喜欢凡尔纳有失庄重的样子，他很生气。凡尔纳的情敌夏尔·杜韦洛得意扬扬地把劳伦斯带走了。

凡尔纳并不肯就此罢休。皮埃尔·凡尔纳被儿子打发去找劳伦斯父女，看是否可以调和一下。但是劳伦斯已经意属杜韦洛了，她对凡尔纳只不过是卖俏罢了。

为了能娶上一个妻子，凡尔纳似乎已经做了相当大的努力。有一个比他小一岁的姑娘路易斯·弗朗西斯引起了他的注意，但最后她也有归属了——1854年12月嫁给了一个名叫斯坦尼斯拉斯·普雷沃斯特的人。

1854年8月，劳伦斯也嫁给了杜韦洛，凡尔纳只有独自伤心的份儿了。

他的神经变得越来越紧张，由此引起了忧郁症、失眠症，他变得脾气暴躁，耳朵还时时作痛。后来，面部麻痹影响到他的左眼和嘴。凡尔纳说："我舌头发厚，不断地发烧，我再也不能好好地闭上嘴巴，真是痛苦极了！我像一条正在消化肉块的蟒蛇，或者像一个正在工作的戏剧批评家一样口角流涎……"

终于结婚了

直到1855年10月，抒情剧院终于来了一位新秘书，也是凡尔纳的朋友菲利普·吉莱接替凡尔纳的工作了。此时，凡尔纳在演出界已不是无足轻重的人了，他的意见可以影响一个剧作者的浮沉，在经理中间也有一定的威信，而且剧院希望他继续经营工作，月薪按经理待遇，还可以分红利。然而，凡尔纳还是拒绝了这份盛情，决心走自己的路。最后，凡尔纳摆脱了各种羁绊，终于获得了自由！

他已经设法积蓄了一笔钱，现在什么都不想，只想回到他在诺维尔林荫大道的房间里，把自己的思路整理一下。他在《家庭博览》上已经发表了许多新故事，现在他开始写一出社会风俗喜剧《红人》，从而给了他一个到巴黎下层住宅区进行研究的机会。

然而，凡尔纳写的文娱节目还是属于较低级的那一类。在给朋友热纳瓦的一封信里，凡尔纳承认，"所有我的观众对我的关注都少得不能再少了。"求偶的挫折导致了凡尔纳

去寻找更加富于刺激性的都市娱乐。

大约也是在这段时间，他还写了一些会让他父亲更感惊愕的诗歌。经常逛窑子和写一些色情诗可能是他感情生活深受挫折的结果。凡尔纳渴望着这样的感情生活，希望它能带给他一种比在蒙蒂昂街里找到的更为幸福的闺房乐趣。

1856年5月8日，凡尔纳去亚眠参加他朋友的婚礼，他只打算在那里住上两天，便回巴黎。但是一星期都过去了，凡尔纳还没有打算回来。原来他又陷入了情网。

在朋友的婚宴上，凡尔纳遇见了一位年轻漂亮的寡妇，闺名叫奥诺丽娜，现在名叫莫雷尔太太。她是新娘的姐姐，丈夫是去年去世的，现在她是两个女孩的母亲。

她是一个非常讨人喜欢的女人，并且很有魅力，父亲是一个上了年纪的退休军人，凡尔纳对他的印象很好。奥诺丽娜娇媚动人，并且还十分能干。她身材高大，仪态端庄，衣着也很整洁。几天后，奥诺丽娜也觉得这个腼腆的年轻人也不错，于是他们便确定了恋爱关系。

之后，凡尔纳必须认真考虑该怎样养活她以及那个他将获得的家庭的问题了。

在返回巴黎的途中，凡尔纳给南特的父亲去了封信："我不能继续现挣现吃地生活下去了，在20岁时追求100个苏可能很有意思，但到了30岁，这就有损尊严了。因此，我想知道，您是否可以给我一笔钱，让我在证券经纪人的生意中买上一股？"

皮埃尔·凡尔纳又惊异又伤心，他儿子曾为从事文学创作而放弃法律，现在似乎又要从商，而且，还是要到证券交

易所去进行冒险的投资买卖，这个职业根本不适合一个外省律师的口味。当然，凡尔纳在竭尽全力为自己的生活道路进行辩解之后，皮埃尔最后还是给儿子提供了一笔钱。

最后，凡尔纳对父亲说："这样不是说我放弃了文学创作，文学创作仍然是我所选择的职业。我只是想同时从事另一种更为有利可图的职业，我要给自己创造一个像样的地位。我厌倦了孤独的生活，这一切只不过说明，主要是我已经到了需要温柔伴侣和牢固结合的婚姻的年龄了。目前，我内心极端空虚。"

凡尔纳收到父亲寄来的钱后，为了经营入股，他先跟一个名叫吉普恩的证券经纪人当短期学徒。

不久，凡尔纳便开始和奥诺丽娜商量结婚的事。

他们尽量将婚礼仪式从简，奥诺丽娜有几件简单的家具：一张沙发，几张扶手椅，四把普通的椅子，只要再买些银餐具和其他必备的东西就行了。

凡尔纳对奥诺丽娜说："亲爱的，我们现在的生活可能不尽人意，我让你受苦了。不过，一旦我跟吉普恩先生学徒期满，我便会得到一个很好的位置，我相信我们会过上好日子的。"

他未来的妻子笑了："儒勒，有爱情就够了，一切从简也是我的心愿，如果太奢华了，这样就要去招待很多客人，我不会习惯。"

凡尔纳吻了奥诺丽娜的额头："亲爱的，我相信我找到了真正的幸福。"

凡尔纳送给新娘的礼物很是随便，只是一条漂亮的丝

带，他说这是联接两个人内心的丝带。这可使凡尔纳的母亲不高兴了，自己的儿子怎么会这样随意地对待自己的妻子呢？

奥诺丽娜却不在乎。

婚礼于1857年元月10日在巴黎举行，他们告诉巴黎的朋友是在亚眠结婚的，而告诉那些在亚眠的朋友，结婚的地点在南特，对南特的朋友则说是在巴黎。

"这样，我们将不会为来客而操心，只要一想到邀请朋友参加婚礼，就使人心里害怕而毛骨悚然！看在上帝的分儿上，还是让我们不要声张的好。婚礼之后，我将带大家到一间好一点的饭馆吃一顿饭，事情就这样了结吧。"凡尔纳歉疚地对朋友们说。

凡尔纳和奥诺丽娜结婚了，他们在普瓦松尼尔林荫道尽头的那间阴暗的圣·欧仁教堂举行了结婚仪式。在婚宴的最后阶段，大家提议干杯的时候，皮埃尔·凡尔纳站起来当众吟诵了他为这场婚礼写的诗歌，整个宴会便在和谐的气氛中结束了。

不久，凡尔纳感到，他将是世界上最幸福的男人，但愿不出什么事破坏他的这个好运就好。

惬意的日子

这对夫妇在普瓦松尼尔林荫大道18号凡尔纳的房间里度过了蜜月。这实在是太破例了，但奥诺丽娜似乎并不在意。

一个星期后，他们把宫廷照相师拍出来的结婚照寄回南特，以使家庭的照相册增加了一些光彩。

往事不论多么有意义都已被遗忘了。凡尔纳要带着他的妻子到卢浮宫去。

"亲爱的，我明天带你去一个好地方。"凡尔纳一天晚上微笑着说。

"那儿很美吗？"

"当然。"

"你最好现在就告诉我，我可等不及了。"

"不行！明天带你去就知道了。"凡尔纳神秘地看着妻子，"希望我的奥诺丽娜睡个好觉。晚安。"

第二天清晨，奥诺丽娜就早早地把凡尔纳叫了起来，她真是等不及了。

用过早点后，这对年轻的夫妇便动身了。

凡尔纳把妻子带到了一座大厦面前。

"这是什么？"妻子疑惑地问。

"巴黎最有名的卢浮宫啊，这曾是法国的王宫，现在改成博物馆了。"

"难道到这来也是我们度蜜月的一项内容吗？"

"对啊！"

"这座建筑物很宏伟，但可说不上漂亮！"妻子有些生气了。

"噢，亲爱的，别这样，我带你进去，你就知道了。"

> ◎卢浮宫：又译罗浮宫，位于法国巴黎市中心的塞纳河北岸，曾是法国王宫，始建于1204年，至拿破仑时代完工。现为一座充满珍宝的博物馆。

他们走了进去。这里真是大极了。在二楼雕像展览室的右侧，他们停住了。

"那座雕像漂亮吗？"凡尔纳指了指一个断臂雕像。

"噢，简直美极了，她是谁？"奥诺丽娜几乎叫道。

"她是维纳斯。1820年在米洛岛上发现的。我把你带到这儿，只想告诉你，亲爱的，"凡尔纳郑重地说，"这是世界上令你感到忌妒的唯一的女人。"

这句话让奥诺丽娜感动得热泪盈眶。

◎维纳斯：古罗马的女神、爱神、美神，同时又是执掌生育与航海的女神，对应于希腊神话的阿佛罗狄忒。拉丁语的"金星"和"星期五"等词都来源于她。

蜜月结束后，凡尔纳带领妻子到普罗万和亲戚们住在了一起。之后，他们又搬了很多地方，但是无论在哪儿，他们住的地方总是很挤，因为里面免不了塞满了书籍和手稿。

凡尔纳依靠父亲的资助和借助岳父的关系，以证券经纪人埃格利的股东身份进入了巴黎交易所，开始做证券生意，但他的心思不在证券交易。他只是放慢了文学和戏剧活动的速度，除偶尔与人合作编写一点喜剧之类的东西外，写作几乎没有取得多大的进展。他始终坚持自己多年养成的习惯，每天早上5点钟起床，喝点咖啡后就伏案攻读，埋头做笔记，为日后创作搜集素材，到10点钟吃过早餐他才上证券交易所去。

凡尔纳到那里就像上一个俱乐部。当时金融界与文学界关系十分密切，他在交易所常常遇到许多文学界和戏剧界的朋友。他在证券交易所的业务相当有限，因而收入低微，仅够勉强维持一家人的生活。

凡尔纳几乎是定居在塞纳河的右岸，他非常怀念以前那些住在左岸和抒情剧院的日子。可现在交易所的事务缠身，他只好和林荫大道的那些剧场绝缘了。

那些"光棍俱乐部"的成员都已经结婚，但仍然每周相聚一次，这自然使奥诺丽娜很生气。不过凡尔纳常为俱乐部及其家庭成员组织野餐，这样就迅速地平息了奥诺丽娜的怨气。

然而，不论是结婚，或者是交易所，都不能使他在已经展开的冒险道路上裹足不前。

▲ 凡尔赛宫前的雕塑

旅 行

    1859年夏天，证券交易所的股市指数像发了疯似的，大幅摇摆，牛市和熊市交替出现，频繁跳跃。为此，证券交易所也打破常规，日夜守候在交易所里，像临战的"将军"。

    在交易所的一次庆贺证券升值的宴会上，阿里斯基德·英亚，给凡尔纳两张轮船优待票，说是他哥哥阿尔弗莱德是圣纳赛尔航运公司代理商，给他们一次去苏格兰旅行的机会。凡尔纳在7月15日致家信中说：

    "一周后我回南特。……我对此次旅行兴头十足。……我独自去，奥诺丽娜去亚眠。"

    他们在7月底起程驶往苏格兰。对于凡尔纳来说，在梦想了多年之后，这才是他第一次真正的航海旅行。他把自己的印象记录在一篇草草写成的小说化的记叙文《英格兰和苏格兰游记》中。在圣纳赛尔港，儒勒不由得回想起12岁时那一次不成功的印度旅行，正是在圣纳赛尔被父亲捉回，否则他还能体验到那种懊恼的感觉吗？

    这种感觉被比斯海湾的大海气息一扫而光。夏天的比斯海湾，比起深秋季节站在苍凉的北海边，敦刻尔克的铅灰色海水和灰蒙蒙的天空，又是一番景象，波涛汹涌，白浪滔天，海鸥三三两两逐船而飞，太阳光芒在浪花间熠熠泛金。

    他们从波尔多航行到利物浦。在那儿，他们下榻于阿德尔菲旅馆。这个大港口的繁华，以及英国人那种自由奔放、无拘无束的举止言谈，都给凡尔纳留下了很深的印象，但港口四周显而易见的贫困，却使凡尔纳这个法国人惊异不已。

他们乘上火车去北方旅行，这使凡尔纳极为兴奋，他跟他的朋友说："英国的田野和农庄具有一种特别新鲜的碧绿色，看着这些田野和农庄，人的眼睛对色彩会有一种新的感觉。"

但最让他感兴趣的却是苏格兰的景色，因为苏格兰是他祖先生活过的地方，这儿到处都弥漫着历史浪漫主义气息。

他们在一场倾盆大雨中到达了苏格兰首府爱丁堡。在这里，他们有些不太习惯，人们到处说的都是英语，他俩对此一窍不通，连吃一顿早餐都有困难。无奈之下，他们找了一个天主教牧师作向导。

随后，他们前往贝洛港，这里有海滨浴场。一家一家的人在海滩上消磨白天的时光。然而，看到男人们要在离妇女和年轻的姑娘约三十米远的地方沐浴，他们大吃一惊。

"难道英国人假正经到如此地步吗？"

凡尔纳和他的朋友用尽了办法才说服更衣亭的主人供给他们游泳裤，看着那人疑惑的眼神，他们俩又放弃了这个念头。在他们前面有一个典型的英国男人，全身一丝不挂，正滴着水走出来，便一切都清楚了。

他们不再犹豫，也像本地人一样赤身裸体地冲进海里。出水的时候，他们硬着头皮，倒退着走进更衣亭，远处传来姑娘们哈哈大笑的声音。

8月30日这天，他们在格拉斯哥，看到了北极光。

后来，他们从这儿漫游到洛蒙德湖和卡特里内湖。凡尔纳在这个阿伯福伊尔小村开始写《黑钻石》。

不到赫布里底群岛和斯塔法的芬格尔大岩洞游览，就等于没游遍苏格兰。这里的景色，简直让凡尔纳看呆了。

这个苏格兰大岩洞是多么令人心醉神迷的一座宫殿啊，有谁这么傻，以致于不相信这里是上帝为"气精"和水泽仙女而创造的呢？缓缓吹来的风儿又是为谁在这个巨大的风琴上弹奏音乐呢？

这一次对这个当时看来简直像一座浪漫主义神殿的岩洞的游览，对于凡尔纳幻想的发展起了决定性的作用。

他们又去了很多有意思的地方。旅行回来后，他的长篇小说《绿光》、《黑印度》大抵上就是根据这次旅行的见闻和感受写成的。

两年后，也就是1861年6月，凡尔纳和伊格纳再次乘坐伊格纳的哥哥的货船到挪威和斯堪的纳维亚做为期6周的旅行。

8月3日，凡尔纳回到了巴黎。那年冬天，他把这次旅游写成了一本小说，里面的描写极为细腻。但这本书从来没有出版过，也没有出版商接受过。他回到巴黎正是时候，这一天，他的儿子出生了，这位远行归来的父亲为儿子取了一个很有意义的名字——米歇尔。

心里的气球

现在，凡尔纳当爸爸了。但作为一个丈夫和一家之主，他远远称不上模范。他在去斯堪的纳维亚的旅途上写给奥诺

丽娜的信中，根本没有体贴的词句。他性情冷漠、严厉而又暴躁。他既受不了争吵，也不耐烦别人的提问。

米歇尔的出生，只让凡尔纳兴奋了几天。之后，他便开始了无穷无尽的抱怨。

有一天，奥诺丽娜接到了一封匿名信，说凡尔纳在一个上流社会的俱乐部里和一位姑娘有暧昧关系，她便向他问起这件事。

凡尔纳接过信后随即把它扔到窗外，并对她大叫大嚷，说她怀疑他的忠诚是多么荒谬。还说，即使信中说的都是事实，她也没有权利干预他的事情。

而窘迫的经济困境让凡尔纳感觉现在负担更重了。作为丈夫，他要养活妻子；作为父亲，他要养活儿子。但他却尽量摆脱家务，一有空暇，就埋头写作。

奥诺丽娜是个性格温柔又非常贤惠的妻子，并且又是个烹调好手，但凡尔纳总是端上来什么就吃什么，从不挑剔，也很少赞赏她的厨艺，挫伤了这位家庭主妇的自尊心。

一次，奥诺丽娜为了庆祝孩子一周岁的生日，为凡尔纳做了一顿甚是丰盛的晚宴，全家为此表示庆贺。

"这个牛排特意按你的口味做的，这可是上好的牛肉。香吗？"奥诺丽娜对凡尔纳说，她多么希望丈夫能表扬一下自己啊！

凡尔纳连头都不抬一下，他只"嗯"了一声，继续吃他的饭。

为此，奥诺丽娜很伤心。

第二天，为了惩罚凡尔纳，在做汤的时候，奥诺丽娜故

意把盐放得很多，而且还加上了胡椒粉。

"好喝吗？"奥诺丽娜把汤盛在碗里，端在凡尔纳的面前，看着凡尔纳把汤喝下去，她问道。

凡尔纳又是"嗯"了一声，便把汤放在了一边，这顿饭他只吃了一小片面包，便离席了。

"难道你是金口玉牙啊，那么难开口！"奥诺丽娜嘟哝了一句。

凡尔纳不想争吵，他用冷默的眼神盯了一下奥诺丽娜，然后继续写作去了。

当然，奥诺丽娜这顿饭吃得很不开心。

这样的日子让奥诺丽娜很委屈，她在一个周末的晚上，含泪给在亚眠的姑母写了封信：

"他使我的生活日益难以忍受。除了那最微不足道的一句话之外，我想不明白是什么使他那么生气。我告诉他，晚饭已经准备好了，他偏要出门，到小饭馆去吃。我告诉他小孩儿患了支气管炎，他猛地把手中的笔往护壁板上一摔，说我使他心烦意乱，还说这种环境下，他将写不出什么东西了。晚上，他不睡觉，站起来自言自语，咕哝着一些令人费解的话语。我开始自问，我该不会是嫁给一个病人了吧。"

姑母的劝诫几乎使奥诺丽娜不知所措："凡尔纳的家族，看来存在一种严重的疾病。我的孩子，如果你回到亚眠来，让凡尔纳去找医生看病，那就再好不过了。"

几天后，孩子的再次哭闹，让凡尔纳大发雷霆。奥诺丽娜说："亲爱的，你不该这样。你也应该为这个家付出点责任。成天躲在你的气球里，这样未免太不合理了吧。"她喘了一口气，抱起了米歇尔，"而且还把交易所的业务给荒废

了，整天的舞文弄墨，真为你感到惋惜！"

"你和米歇尔把我的精力给分散了！"凡尔纳只说了这么一句。"我正要告诉你，亲爱的，我打算回娘家住上一段日子。这几天就走。"奥诺丽娜气恼地说。

"很好！回家或者随便到哪儿都行……"凡尔纳用敌视的目光望着妻子。

但到了第二天，凡尔纳的态度变得很体贴了："亲爱的，别走了。请您原谅我的过失，这是我最后一次使你伤心了。我是那类不知怎样才能把事情办好的可怜人。"

奥诺丽娜虽然没有走，但他们开始分居了。

为了躲避孩子的哭声，凡尔纳只好躲到"科学新闻俱乐部"去。这是一个专为各类作家提供膳食的新型俱乐部。

▲ 《气球上的五星期》图书封面

不管凡尔纳和奥诺丽娜之间紧张关系的真相如何。总之，他们之后没有再要过孩子，而且分居过。

如果说凡尔纳曾希望感情上的动荡能随着结婚而结束，那就大错特错了。

在所有的事情中，能使他真正感到快乐的

只是文学上的成功，但这成功至今仍与他无缘，并且大约正是由于还没有取得成功。所以他的内心总潜伏着一股对妻子和家人一触即发的怒气。

有一天，凡尔纳告诉奥诺丽娜，他的作品《气球上的五星期》终于完成了，奥诺丽娜欣喜地舒了一口气，情不自禁地嚷道："啊！你终于放掉了你的气球。"

第四章

辉煌十年

两个儒勒

1862年，正是草莓上市的季节。"你在商特耐吃过草莓吗？"奥诺丽娜在一封信中问。"儒勒现在在吃草莓了，因为他已经写完了一个关于气球的故事。到处都是手稿——除了手稿以外什么都没有。但愿它们别在煮饭锅底下寿终正寝。"

《气球上的五星期》是凡尔纳根据1851年8月曾经发表过的故事《乘气球旅行》改写成的长篇小说。

> ◎寿终正寝：寿终：年纪很大才死；正寝：旧式住宅的正房（人死后，一般停灵在正屋正中的房间）。原指老死在家里。现比喻事物的灭亡。

过去，凡尔纳写的一些故事手稿，许多都被出版商所拒绝，被他纷纷投入炉子里，真不知他的这个气球故事的命运是什么样。他心酸地对父亲说，他所有的计划似乎都成了泡影。

1862年夏天，凡尔纳带着这篇新故事的手稿到《两个世界评论》的创始人弗朗索瓦·比洛茨那儿去 故事给比洛茨很深的印象，他准备接下稿子发表在他的杂志上 但是，有件事情先要确定下来。

凡尔纳问："比洛茨先生，您准备付给我多少钱？"

"付给您钱？但您是无名之辈 我接受这篇故事是出于一种偏爱，在《评论》上发表它，这对您已是一种很大的荣誉了。"

"对不起，先生，我的经济状况可不允许我接受这样的一种荣誉。"

过了一段时间后，也就是那年的秋天，凡尔纳把作品拿去给大仲马过目。大仲马读后很感兴趣，鼓励这位才华横溢的作者在自己的道路上坚持下去。继探险小说之后，创作科幻小说，在文学调色板上增添了一种新的色彩。

大仲马还竭诚尽力，介绍凡尔纳与小说家布雷哈特联系。后来，布雷哈特又将凡尔纳推荐给出版商赫泽尔。

赫泽尔是个传奇式的人物。他全名叫皮埃尔·儒勒·赫泽尔，与儒勒·凡尔纳同名。父亲是阿尔萨斯人，曾在执矛骑兵团当鞍具制造匠。

赫泽尔从小聪明，11岁寄居巴黎，离开中学后到一家书店当职员，因伶俐乖巧，深得老板的赏识，不出八年便办起了一家出版社。

赫泽尔精通古典文学，非常讲究文体，曾以斯坦尔这个笔名发表过一些作品，他又是个激进的共和党人。在1848年革命中是个重要的角色，组成临时政府并起草政府名单。他在这个新成立的临时政府中担任了外交部的办公室主任。直到路易·拿破仑·波拿巴就任共和国总统，他才脱离政界。

1851年12月波拿巴政变，赫泽尔险遭逮捕，后流亡比利时。8年后大赦才返回巴黎，继续经营出版业。替他的至交好友普鲁乐、拉马丁、巴尔扎克、雨果等人出版作品。

集革命家、文学家、出版商于一身的赫泽尔具有发现和支持新作者的敏锐的辨识力。他一向关心青年人。当时他正在筹办一份刊物《教育与娱乐》杂志，并将请一批学者和文

学家为该刊撰稿，但他总嫌这些专家的文章有一种说教的味道，很难为青年读者所接受。

这是一个秋高气爽的早晨，凡尔纳来到了雅各街18号，面见这位出版商。

儒勒·凡尔纳的心情很激动也很不安，他腋下夹着手稿，轻轻地敲开赫泽尔的家门。

一位仆人开门迎客，彬彬有礼地请凡尔纳先生径直上二楼。

这次历史性的会见是在赫泽尔的办公室兼卧室内进行的。

赫泽尔由于出版社的业务很忙，他多在夜间进行工作。这段时间他的身体状况不太好，有睡早觉的习惯，有时就在这里处理日常事务。

赫泽尔的真名是斯塔尔，属于1848年的另一代人。当时，他非常积极地从事革命工作。当拿破仑三世在1851年发动军事政变上台执政的时候，他被放逐到布鲁塞尔。只是在最近的1859年大赦之后，他才返回巴黎，再度开始从事出版业。尽管他提挈（qiè）过乔治·桑、巴尔扎克、司汤达，但他也是一个儿童读物的出版家。他计划办一份寓教于乐的杂志，目前正在找一位作家来写杂志创刊时的连载作品。

◎乔治·桑：法国女小说家；巴尔扎克：19世纪法国批判现实主义作家；司汤达：19世纪法国作家。

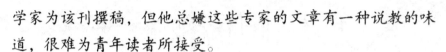

他房间墙上或地板上都挂着或铺着沉重的花毯，赫泽尔在衬托着仙女和牧羊人华丽的古

典布景中接待客人。

半倚在床上的赫泽尔把手伸了出来："请坐，凡尔纳先生。我睡得很晚，恕我礼貌不周。"

"不！是我麻烦您了。"凡尔纳客气地说。

两个儒勒相互寒暄了几句之后，儒勒·凡尔纳递过了稿子，便默默不语。

"凡尔纳先生，我需要点时间把稿子看完，你两周后再来可以吗？"赫泽尔望着这个比自己小12岁的年轻人说。

"可以。那我就告辞了。"凡尔纳离开了赫泽尔的房间。

离开交易所

两个礼拜后，他回来听取赫泽尔的意见。

赫泽尔开始用所有出版商惯用的客套话说："很抱歉，虽然您的作品很有价值，但我不能……"凡尔纳拿起他的作品，懊恼万分。他正要离去，这时赫泽尔又把他叫了回来。

赫泽尔说："凡尔纳先生，我还没有把话说完，请您留步！"

凡尔纳站住了。

"但是我先要说明一点，您的性格未免太急了些吧？真的希望在这方面，您能够改正一下。"

凡尔纳的脸"腾"地红了。"是啊，自己这是在干什么呢？"他知道错了。

"凡尔纳先生，我向您保证，从您的作品里看到，您真的具备一个大小说家的所有素质，然而你的手稿中有几处需要改动一下，那样您的作品会更好，更受欢迎。"

凡尔纳在认真地听赫泽尔的话。

"如果您能把这手稿改得更好，把它由故事改成小说，并尽快把稿子交上来的话，我愿意重新考虑出版的事！"

"我一定会认真修改的。"凡尔纳很是高兴，他辞别了赫泽尔，跑着离开了。

两周之后，凡尔纳带着他改好的作品又来到了赫泽尔的家里。

稿子的题目由原先的《乘坐气球旅行》改成《气球上的五星期》。

赫泽尔发现，凡尔纳具有广博的知识，敏锐的观察力，丰富的想象力，有能够出色地把现实和幻想结合起来的写作能力，善于引导读者和他一起进入特设的幻想境界。

这时，赫泽尔又请凡尔纳谈谈他的写作计划。作为一个作家和出版商，无论从哪个角度讲，赫泽尔都觉得凡尔纳的功底扎实，视角独特，特别是从他新办的杂志的角度看，更是人才难得。

赫泽尔认为，凡尔纳就是自己苦苦寻找已久的合作伙伴，没有比凡尔纳更合适的人了，他立刻把这篇稿子接受了，并立即与凡尔纳签订了一份合同。

时间是1862年10月23日。按合同规定，每年凡尔纳向赫泽尔提供三部书稿，每部是1925法郎，即每月收入为481法郎。

尽管这份合同不是一份最理想的合同，但凡尔纳毕竟找到了一个出版商。为此，凡尔纳心花怒放。

"现在可以告别交易所，可以靠写作维持生计了。"凡尔纳高兴地说。

虽然交易所并没有什么让凡尔纳留恋的地方，可毕竟在那里待了几年，有许多要好的朋友，所以自己应该发表一个告别演说，这场演说真是别开生面：

"我的朋友们，今天，本人向各位告别来了，我一生怀有一个理想。热拉丁说，每个男人每天至少要有一个理想。而我一生只有一个理想，那就是时来运转。我写了一部只属于我自己的新体裁小说。如果小说取得成功，那么就等于发现了一座金矿，当各位低买进高抛出的时候，我将不停地写，拼命地写。我就要离开交易所了，愿各位财运亨通，我的朋友们！"

赫泽尔果然是个有眼光、有魄力的商人，他接受凡尔纳《气球上的五星期》的手稿，总共不过两个月的时间，连同审稿、修订、排版、印刷、装订一系列工序，一气呵成，而且装帧精美，还有八十多页由画家奥里做的插图。

《气球上的五星期》出版取得了巨大的成功，它赶在1863年的元旦出版，这是给许多小朋友的新年礼物，也是他一系列作品中的头一本。

凡尔纳的《气球上的五星期》，元旦已经摆在巴黎和外省的书店柜台上了。

这在当时，真是一个奇迹。"一位不出名的作家，创造了科学幻想小说。"——迪凯斯内尔评论道。

《气球上的五星期》

　　《气球上的五星期》就是让凡尔纳被后来的文学历史的讲述者称之为"科学幻想小说的创始人"的重要作品，也是凡尔纳最早的科幻小说。

　　自古以来，科学和幻想就是互相促进而发展的，但是小说里面用到的科学知识往往很少。在18世纪以前，许多想象旅行和预言未来的故事利用到的实际科学知识极少。当时的文人对科学有一种典型的不屑的态度。就连艾伦·坡的小说也是幻想成分多于现实科学成分的。因为他本人就是对科学很不信任的。

　　《气球上的五星期》让凡尔纳一举成名，这部作品的副标题是"非洲探险"。在这部小说里，他把机械和地理，气球和非洲探险灵巧地结合起来。

　　故事讲的是英勇无畏、久经考验的探险家费尔久逊博士，一心要继承前人的事业，为非洲的探测工作做出贡献。在伦敦皇家地理学会的支持下，1862年2月1日，他带着他的朋友凯乃弟和仆人侨，乘坐一只安装有自由升降装置的大气球"决心号"，从非洲东岸的桑给巴尔出发，历时五星期，经历了种种令人难以想象的危险之后，终于横贯非洲大陆到达非洲西岸的塞内加尔，完成了这次探险任务。

　　《气球上的五星期》获得成功，宣告了一种新的文学形式——科幻小说的诞生。这部小说以地理为题材，其中没有任何情感奇遇的穿插，却能把读者深深地吸引住。这主要是因为他善于创造气氛，这种独到的、直接与读者接触的表现手法，把读者的想象带入他所描写的环境之中，因而使读者窥见这些环境的全貌，产生亲临其境的强烈印象。

作品问世后，许多读者都以为书中所描述的是一次真实的探险活动。有一位名叫费弗尔的读者，甚至写信给出版社，要求提供这次探险非常有用的资料。

在《气球上的五星期》中，凡尔纳对尼罗河的源头做了十分精确的描述，这个地理知识是英国人斯佩克获得的。斯佩克于1862年7月28日才首先发现河源，他返回苏丹首府喀士穆的消息也只是在1863年4月20日才为人所知，凡尔纳对新的科学具有极度的敏感性。书中还提到，在维多利亚湖西岸居住的卡拉格瓦各部落的妇女，是由于经常喝酸奶而长胖的。这是斯佩克在深入这个陌生之地考察时才注意到的，但他也只是在1863年以后才公开他的旅行见闻。这已是凡尔纳出版这部作品以后的事了。当然，凡尔纳不可能凭空臆造这些细节，他是从比斯佩克早些时候回来的他的一个合作者那里了解到的这些情况。

当赫泽尔这位出版商看过凡尔纳的作品之后，便把他的一个朋友——纳达介绍给了凡尔纳。没有想到纳达却成了凡尔纳无形的财富。

纳达原来是个美术家。凡尔纳认识他的时候他改行从事摄影了，而且在这方面他的确是一个伟大的先驱者。他借助于电灯拍摄了许多巴黎下水道的照片和第一批航空照片。后来，他还创立了探测摄影。在一幅拍照的漫画上，可以看到他带着照相机在巴黎上空一个吊在气球下面的筐子里，身

体勉强地保持着平衡。纳达把摄影提高到了艺术的高度。在1862年，航空科学简直使纳达着了魔。

纳达创建了一个"航空旅行"团体，凡尔纳也参加了。

1863年，在纳达的工作室里，这个团体的一个成员用一架蒸汽直升机的模型做了一番表演。

当讨论到想象中的直升机和实际存在的气球之间是否存在比空气重而比空中飞行器轻这个问题时，这个小团体里的人争得面红耳赤。

但他们热情不减。他们想建造一个称为"巨人号"的大气球，并开始筹划资金。

至少在10年前，气球就已经使凡尔纳着迷了，这些人在讲述这场计划时，凡尔纳听得津津有味，纳达是个爱嚷嚷又好动的角色，对任何事情都挺感兴趣。

最终，这些人成功了，他们果真把"巨人号"造了出来。并与在《气球上的五星期》中的"维多利亚号"同时在非洲上空升起。

"巨人号"举行升空仪式时，引起了极大的轰动。气球里面不但坐着很多显赫的人物，还装有粮食、武器等。

不幸的是，"巨人号"的第三次航行大概在汉诺威岛结束了，纳达和他的夫人遇到了极大的危险。

在此期间，《气球上的五星期》中的"维多利亚号"继续成功地在非洲的上空飞行。

公众被两只气球——一只真实的气球，一只想象的气球——的惊险旅行弄得喘不过气来，他们热情地关注着"费尔久博士的探险活动"。

《哈特拉斯船长历险记》

凡尔纳这部小说的出版，奠定了他作为一个杰出小说家的基础。如果当初他一直从事他喜欢的戏剧，那只能把他变成一个四流的作家；而他现在已经找到了自己应该走的道路，他成功了，正如他刚来巴黎时所希望的那样。

1863年9月，凡尔纳搬进了巴黎郊区奥特伊尔喷泉街19号的一间体面的房子里。这是一个不大的独立的住宅，肃雅清静，便于写作。在他书房的隔壁，还有一间会客室，赫泽尔不断地出入这个房间，会见这个伟大的科幻小说作家，商谈每一部书稿的取向、优点及不足，并给他带来一些钱。赫泽尔给了凡尔纳很大的帮助。

凡尔纳在自己的书房里安了一张行军床和两把普通的椅子，一把是用来写字的，而另一把则是用来堆放资料。除了吃饭外，凡尔纳几乎都是呆在这里，进行他的创作。

奥诺丽娜一边照看着淘气的儿子米歇尔，一边仍为凡尔纳做着可口的饭菜，料理家务。凡尔纳并没有被奥诺丽娜的美味佳肴所感动，他痴迷地恋着自己的作品及自己创造出来的故事情节和人物，除了赫泽尔的到来能听到他快乐的笑声和无尽的谈吐外，对奥诺丽娜来讲，家里真是沉闷极了，她很忧伤。

一天，奥诺丽娜在做晚餐的时候，意外的发现餐桌旁的一把椅子不知何时矮了半截，她坐了上去，下巴竟然和餐桌上的餐碟一般高！这位美丽的妻子很是惊异："是儒勒锯掉

椅腿的吗？除了他还能有谁去干这件事呢？是为米歇尔准备的吗，这也实在太早了吧，米歇尔才两岁呀！"

吃饭时，凡尔纳仍像往常一样，静静地来到桌旁。奥诺丽娜差一点没有叫出声来，她那高大的丈夫竟然坐在了那个矮椅上！他的嘴巴正好触及餐碟，他不用弯腰，不用将饭菜一下一下地用刀叉送进嘴里。

今天他吃饭的速度可是快极了，只见他把嘴伸向装满食物的餐碟旁，没用几下，餐碟便空了。奥诺丽娜精心烹制的佳肴就这样被凡尔纳解决了。他只是在尽快地履行他的饮食程序。

"亲爱的，我以为你的那把椅子是为米歇尔做的，原来是为你自己，我几乎有些接受不了。你如果想每天都坐在这把椅子上吞饭，对你的健康可没有什么好处。"奥诺丽娜瞪大了眼睛，望着凡尔纳把最后一口咽掉，说道。"我可不想把时间浪费在餐桌上，这是我最好的发明创造。"凡尔纳很满意他的杰作，因为这样会节省一点时间，凡尔纳说完，站了起来，转身离去。

奥诺丽娜望着凡尔纳的背影，伤心的泪水夺眶而出："难道你连坐下来，好好吃上一顿饭的时间都没有吗？"

是的，凡尔纳正在争分夺秒地阅读一本传记，是关于英国航海家约翰·富兰克林的真实故事。

富兰克林是个狂热的探险家，以对下属严厉而闻名，热衷征服西北航道，达到了疯狂的程度，他不畏艰难，不惧险阻，视死如归。他从青年时代起就喜爱上了这一行当，32岁当了船长，33岁又统领一支西北航道的探险队，此后又

进入加拿大北部荒凉地区。最后一次探险是在1845年，此时他已57岁，率领黄泉号和恐怖号从英国利物浦出发，而这一去，就杳无音讯，生死不明。十几年来，这位勇敢探险家的失踪，一直牵动世人的心弦。在此期间，许多国家派出探险队，相继进入西北航道，寻找富兰克林的下落，直到1859年，其中一支探险队才带回富兰克林船长和全体船员138人全部罹难的确实证据。据称，富兰克林率领的探险队，由于被流冰夹住后，只得在极地过冬，全体人员因天寒地冻，无以充饥，相继殒命，无一幸免……

凡尔纳在这一传记上做了很多笔记，他深深地被这个故事吸引着，他的心也在剧烈、狂热地跳动着，他仿佛成了富兰克林船长，他觉得自己就是那个勇敢的极地探险英雄。灵感的火花在他的脑海里闪烁着，笔也在他的手中颤抖着……一个由富兰克林带给他的极地航海探险的计划就这样萌生了，他又查找了很多资料，书桌前也摆放了几张类型不一的世界地图。在北极的那片白茫茫的冰原上，他划出了自己的航海探险路线……

1863年夏季的某一天，凡尔纳兴奋地在自己的稿纸上写下了几个大字：哈特拉斯船长历险记。

于是凡尔纳便开始了这部小说的创作，他夜以继日，奋笔耕耘。他不知道自己是在十几平方米的书房内，还是在哈特拉斯的那条船上；他不知道自己是正在用笔写着科幻故事，还是正在划桨去追逐着那只受伤的海豚。

凡尔纳在踏着主人公的脚步走，他已完全融入到了哈特拉斯的北极探险之中。

当哈特拉斯的船航行到北纬80度地区的时候，气温降到零下40摄氏度，凡尔纳感到呼吸困难，手脚无力，额头发热，全身发麻。

"有谁能够帮帮我？有谁能够帮帮我？我的手被冻僵了，我握不住桨了！"

凡尔纳边写边喊道。

这可是时值炎热的夏季呀！奥诺丽娜听到凡尔纳的呼救声，匆忙奔到书房，摸了一下他的额头，吓了一大跳，额头怎么热得这么厉害："亲爱的，你发烧了，是不是晚上睡觉时着凉了？快吃点儿药吧。"奥诺丽娜心疼地絮叨着。

凡尔纳根本没有理会她，他没有感觉到奥诺丽娜的存在。

"哈特拉斯船长，我们的船被一块大浮冰夹住了！我们被困在了茫茫的冰海之中。"凡尔纳继续叫道。

奥诺丽娜知道了，她的丈夫凡尔纳正在痴迷着自己的创作，自己的关心真是多余了，她悻悻地离去。

凡尔纳一直写到哈特拉斯船长带领大家穿越了危险地带，他才罢手。他感到腰酸背痛，手指发麻。他不知道自己已连续奋笔写了十多个小时，奥诺丽娜为他多次热饭，端上来又端下去，最后一次送饭时，他对奥诺丽娜说："亲爱的，我已吃过了。船长为我们船员准备了一顿丰盛的午餐，他刚才下达了命令，让全体船员休息。我必须服从！"

说完，他离开书桌，躺在那张再简单不过的行军床上。

"不，你还没有吃过饭呢！现在不是中午，已是晚上了！你弄错时间了！亲爱的，用完餐后再睡，听见了吗？"

凡尔纳怎么能听见呢？他的鼾声已响起。"他的健康太让人不放心了，我必须想想办法。"奥诺丽娜望着疲惫的丈夫，无奈地自语道。

奥诺丽娜决定给赫泽尔写一封信，向他求救。不久，奥诺丽娜便得到了答复，赫泽尔说忙过了这几天他立即赶到。

几日后，赫泽尔敲响了凡尔纳的家门，为他开门的当然是奥诺丽娜，凡尔纳可不会听见他身边的任何声音，他的心已经完全属于哈特拉斯船长，他在听哈特拉斯船长的命令。

赫泽尔走进了凡尔纳的书房，发现眼前的这个作家可不是以前他见过的那个潇洒的小伙子了。他面容憔悴，头发蓬乱，衣衫不整。更让人觉得奇怪的是，他的书桌下竟然放着一个很大的水盆，里面盛满了水，凡尔纳的双脚浸在里面，并且在不停地摇动着，攥着笔的手在不停地在纸上挥舞着。

"他说他把脚放在水盆里，这样才能找到在船上的感觉，他才有灵感。太莫名其妙了！他是不是精神上出了什么问题，赫泽尔先生？"奥诺丽娜担心地问道。

"夫人，没事儿的，我知道他在干什么，放心吧。"赫泽尔安慰道，他把头转向了凡尔纳，凡尔纳并没有发现朋友的到来。

"嘿，儒勒，该停止了，休息一下吧！"看着眼前的情景，赫泽尔被感动得热泪盈眶，有这样的作家，还担心他的小说不会畅销吗？

凡尔纳仍旧没有理会，他的心在北极的冰原上。

"我是哈特拉斯船长，我命令凡尔纳先生，立即停桨，

回舱休息！"从奥诺丽娜那里他听说凡尔纳只服从于哈特拉斯船长，所以他这样命令道。

这一招儿果然见效，凡尔纳停下了笔，从他的椅子上站了起来，返回行军床上，倒头便睡，这一睡就是第二天中午。

在凡尔纳休息的这十多个小时里，赫泽尔看了凡尔纳写的这部分书稿，他一次又一次地被哈特拉斯船长无畏而勇敢的精神所感动、所征服。他预感到在《气球上的五星期》之后，这是凡尔纳又一部成功的力作。

此后的一些日子里，赫泽尔一直不断地关注凡尔纳，他们共同探讨着哈特拉斯船长的命运，当谈到小说的结局时，凡尔纳的意见是让哈特拉斯船长与富兰克林命运一样，把生命留在北极。因为小说的最后一部分说所有的船员都牺牲了，只剩下哈特拉斯一个人在茫茫的冰原上，他只能跳入一个火山口自毁身亡。哈特拉斯这个名字就是取自北极地区一个火山的名字。

赫泽尔则持不同的意见。

最后，两个人共同安排了哈特拉斯船长命运，成功地给他安排了一种更为奇特的结局，将他送回英国。最后，哈特拉斯船长进入了一家疯人院。

这部小说以连载的形式在《教育与娱乐》杂志上发表，一边连载，凡尔纳一边在不断地修改它。直到1866年5月，修改稿才以单行本的形式问世。

正像赫泽尔预料的那样，这本书引起了社会各界强烈的关注。有好几位探险家都承认，没有哪一本书比得上凡尔

纳描写得更逼真，那船上的生活，船长与船员们所经历的苦难，以及北冰洋上的奇观都被凡尔纳描写得淋漓尽致。这真是一部最出色的"航海日志"啊！

从1862年开始，科学对凡尔纳的影响似乎突然一涌而出了。他对旅行和海洋一直深感兴趣。地理学也是他所精通的一门学科。对于其他自然科学，他依靠朋友们的指点或广泛阅读各种报纸杂志来通晓。在这种新型小说的探索中，他能够把现实的爱好和生动的幻想结合在一起，使他得以避开当个四流剧作家的可悲命运而成为一个杰出的小说家，进而开始了一个科学预言家的生涯。

《地心游记》

1863年9月，他搬进了巴黎郊区奥特伊尔喷泉街19号的一间体面的房子，这是他开始发迹的征兆。

凡尔纳在创作《哈特拉斯船长历险记》的同时，又开始探索另一个纯幻想领域，那就是深入地球的旅行。他的这个想法来源于他在1863年冬天结识的一个朋友——查理士·赛恩特·克莱尔·德维尔。

德维尔是一位地理学家，他到过许多火山去探险。他是一位性格暴烈、风风火火的人，是个十足的火山狂，别看他身材不高，身体又十分单薄，让人觉得他只是个硬朗而又文静的学者，但他一旦谈到火山，便忘却了自我，他眉飞色舞，滔滔不绝，谁都会为他讲述的种种不同的火山喷发时的那种壮观的景色而着迷。德维尔还向他讲解了火山喷发的原理，他多年来一直从事着火山的研究，去过各地的火山，对主岛和意大利的地质地貌情况了解甚多，因为这两个地区是世界上火山多发区。

根据与德维尔的交谈，凡尔纳构思出了一个到地心旅行的新故事。

在听德维尔讲述火山故事的同时，凡尔纳又在一本资料上读到了一篇文章，让他受益匪浅。他这本新小说的立论基点是美国步兵团的约翰·克里夫斯·西姆斯的颇为奇特的理论：地球实际上是空心的，并开口于极地。

经过一段时间的构思与揣摩，另一部科幻小说在凡尔纳的笔下诞生了，他为这部小说起了一个很好听而又神秘的名字——《地心游记》。

▲ 《地心游记》电影海报

这是一部从冰岛起程到地心旅行的小说。

这部书中的主人公是一位五十多岁的德国矿石教授，他偶然得到10世纪冰岛的一个著名炼金术士夹在一本古书里的密码文件，他的侄儿阿克塞无意间把它破译出来：

从斯奈夫·约夫旧火山口下去，7月份以前斯加凡里斯山峰的影子会落到这个火山口上，勇敢的探索者，你可以由此抵达地心。我已到达了。

阿恩·萨克奴珊

这位矿石教授凭着他对科学探索的执著精神，决定带着他的侄儿阿克塞去做一次"最离奇的旅行"。他按照密码文件提示，在一个沉默寡言、无私无畏的向导汉恩斯的陪同下，从欧洲最大的岛屿——冰岛上的一个死火山口滑入地球内部。他们经历了种种始料不及的危险困苦，亲眼见到了这个未知世界里的各种奇妙景象，最后，因罗盘出了故障，指错了方向，他们虽然没有真正地到达地心，但这次为时两个月的探险，却使他们成为轰动世界的伟大人物。

凡尔纳对西姆斯的探险了如指掌。他把这些情况和他的朋友的想象结合起来，开始写一本在冰岛启程到地球内部旅行的小说。

《地心游记》于1864年10月25日正式出版，它轰动了整个世界，被翻译成各种文字。人们阅读它，讨论它，怀疑者和相信者分别以同等坚定的理论来攻击它和维护它。

在这部堪称地质史诗的作品中，凡尔纳以现有的科学为依据，展开想象的翅膀，陈述了一个有关地球演变的杰出幻想，肯定了宇宙和人类曾经历过漫长岁月这一概念。

1859年，英国博物学家达尔文出版了震动当时学术界的《物种起源》，提出以自然选择为基础的进化学说，给宗教宣扬的创世说以沉重的打击。

1863年，当凡尔纳正在加紧写小说的时候，《物种起源》的法文译本也在巴黎出版了。有关古代地球和古代人类的激烈争论，进入了最后阶段。在这场争论中，凡尔纳并不害怕遭到非难，他坚定地站在了科学的一边。

在后来出版的带插图的新版本中，凡尔纳又加进了有关发现人类化石的细节，并通过博闻强记的黎登布洛克的演讲，断然地宣布："如果我们要有丝毫怀疑，就是对科学的诬蔑。"

凡尔纳甚至带着对宗教蔑视的口气说："不管怎么样，如果古生物学上的圣多马(耶稣十二圣徒之一，对任何事情一定要亲眼看见才相信)在这里的话，他们一定会亲手摸摸它，然后不得不承认自己的错误。"

随着对科学的深入研究，儒勒·凡尔纳的世界观发生了重大变化，他逐渐摆脱罗马天主教的影响而变成了一个自然神论者。

不管怎样，无论身外的世界发生了多大的变化，凡尔纳都不想去应付了，他只感到自己很累，很想卧床休息些日子。

正在这时，他收到了久违的弟弟保尔的信件，信上说他将带领未婚妻回尚特内别墅父母那里，他已邀请了三个已婚的妹妹及其全家，还有姑表亲们前来，他准备在这期间举行婚礼。

凡尔纳大喜过望。自己有多少个日子没有见到年迈的父母，他已记不清了。还有自己童年嬉戏的伙伴保尔，他还好吗？自己想当一名船员，那只是一种梦想了。而保尔却如愿以偿，他被海风吹黑了吗？他见到他想去的那个遥远而又美丽的国度了吗？他的未婚妻漂亮吗？

凡尔纳抑制不住自己内心的冲动，他立即把这件兴奋的事情告诉了妻子奥诺丽娜。奥诺丽娜也是兴奋异常，她重新找回了那逝去已久的笑容，并亲自为凡尔纳及三个孩子做了漂亮的礼服，又为皮埃尔夫妇、保尔及未婚妻准备了些礼物。凡尔纳在她的精心照料下，也精神了许多。

因为凡尔纳与赫泽尔还有一个见面会，要探讨关于《地心游记》的一些细节问题，奥诺丽娜先带着孩子们回到了尚特内乡村。凡尔纳两天之后到达了这里。这时的凡尔纳已是个大作家，不仅国内闻名，也名扬海外，这次可以说得上是衣锦还乡了。

全家人都非常高兴。皮埃尔与索菲早已忘记当初凡尔纳因放弃法律而引起的那些不愉快的事情，父母的别墅里充满了节日的气氛。经过全体人员的精心策划，为年满35岁的保尔举行了隆重而又传统的婚礼。别墅内外到处洋溢着快乐的笑声。皮埃尔先生儿孙绕膝，备享天伦之乐，儒勒·凡尔纳由于受到了这种生机勃勃、欢乐陶陶环境的感染，又恢复了他的诙谐天性。他无拘无束，谈笑风生。

在这喜庆的日子里，几乎每个晚上都举行舞会和其他娱乐活动，然而，每当夜幕降临时，儒勒·凡尔纳又步入他自己的幻想世界漫游。

凡尔纳

FAN ER NA

所有的亲戚们都抱怨说，儒勒变得落落寡欢了，是不是有了名气，架子也大了？

还有些人担心，儒勒夜间会不会又犯老毛病？是的，儒勒省亲后，由于激动，面部的神经又有麻痹的感觉。他虽然摆脱了剧院秘书和交易所的工作，但他并没有像他期盼的那样有真正的自由。他不仅没有感到轻松，反而比以前更为繁忙。在面部神经麻痹的情况下，他依旧彻夜伏案工作。

他现在只是像回到父母身边的孩子一样，幸福快乐，可这仅仅维持几天，当他回到自己书房的时候，一切幻想又向他袭来。他放飞了他的气球，他航行完了他的北极冰原，钻出了他自己创造的地心，他问自己："下一个目标该到哪里呢？"

1864年10月初的一个傍晚，用完餐的凡尔纳走出困了他很久的书房。

夜色真好啊，点点繁星在无云的夜空中闪烁着，微亮的上弦月已挂在了天边，微风轻轻地吹拂着他的胡须还有他略长的头发。

这副宁静平稳的乡间景色，与凡尔纳在自己想象中创建的新世界，形成了奇特的对比。他的母亲还像从前一样，常为他的出言不雅而责备他；父亲也因为他的不拘礼仪而申斥他。然而，他虚构探险小说的热情却正被一个天主教徒的观点激发得更为高涨。

"时光如果能够停留，那该是一件多么幸福的事！"凡尔纳自语道。

"那遥不可及的月亮，那离人类居住地——地球最近的星球，它上面会有什么呢？"这一时刻，凡尔纳也没有停止他的幻想。

"我们人类可以到那上面去吗？如果能，那得需要做一个多么长的梯子啊？无穷无尽的宇宙啊，我可以在你宽广的胸膛里遨游吗？"凡尔纳仰望着星空，时光在他的额前悄然流逝，幻想的翅膀带着他的灵魂在茫茫宇宙飞翔……

※《从地球到月球》※

19世纪60年代，美国爆发了内战，即历史上有名的美国南北战争。这是一场反对奴隶制的战争，凡尔纳密切地关注着它。

◎美国南北战争：1861年4月至1865年4月，美国南方与北方之间进行的战争，又称美国内战。北方的目的在于打败南方奴隶主，废除奴隶制，统一全国。最终以北方胜利告终。

凡尔纳的老朋友赫泽尔也是一样，他及他周围的自由党人衷心祝愿北美联邦政府的拥护者取得胜利，林肯能获得全美政权。赫泽尔认为北部军队是反对奴隶制思想的捍卫者，而且在力量对比上占绝对优势。

四年之后，1865年4月，林肯和他的北部军队取得了胜利，以南部联军统帅罗伯特·李投降而结束，美国人民获得了自由。赫泽尔、凡尔纳及其周围的朋友为此还举行了隆重

的庆祝活动。是的，世界和平了，那些武器被闲置了下来，军火制造商们也无利可图了，他们会不会再制造出事端，重新挑起战争呢？

这是一切善良的人们所担心的。凡尔纳这些和平主义者对此不能不深感忧虑："大炮制造者们的商业活动突然中断了，他们将会寻求什么样的方式去排遣烦闷呢？"

凡尔纳把他那支笔浸到墨水瓶里，好久没有提出来，这支笔太沉重了："我将为我的读者奉献出一部什么样的作品呢？我将怎样去发落那些危险的肇事者们？怎样才能够让人们永远拥有和平呢？"

一天，他把他的这些想法带到了经常散步的林荫路上，那里汇集着各种类型的人，他们的想法千奇百怪。

最后，一位70岁老人半开玩笑的话提醒了这位伟大的科幻作家："凡尔纳先生，我们也痛恨那些军火商们。他们无事可做了，干脆就让他们轰击月球去吧，必要时，把他们也送到月球上去！"

"好主意！"凡尔纳叫道，"我们要让他们到月球上去！世界也就和平了！"

就这样，凡尔纳的目标找到了。现在的问题就是要达到这个目标。炮手们只能设想一种唯一的方式，那就是使用大炮。除了它，还有什么方式会比这个更好呢？

不到一年的时间，也就是在1865年，他的这部以美国内战后为背景的小说《从地球到月球》出版了。

本书的故事以这样的提问开始：战争结束，和平恢复后，那些威力巨大的杀人武器将做什么用呢？那些战争中发

了横财的大炮制造商，因商业活动突然中断，他们将寻求什么样的方式去消遣呢？

有一伙儿性情暴躁的热心人和退役炮兵组成了一个"巴尔的摩大炮俱乐部"，他们大多数人无牵无挂，并对太平安宁的日子厌倦了。于是他们的主席英比·巴比康提议，要干前所未有前所未闻的事情，向月球发射一枚载人的空心炮弹。这个提议得到了热烈的赞同，于是计划便迅速地付诸实施。

写这本书时，凡尔纳让他那搞数学的堂兄亨利·加塞把他写进书里的那些数字都精确地核实过了。这里有关于大炮的各种数学问题。

这门巨型大炮必须在地面上铸造，而炮弹要用最贵的金属铝来制成。"大炮俱乐部"经过一番争论之后，把地点选在了佛罗里达的"乱石岗"。

当发射的所有准备工作接近尾声时，"大炮俱乐部"接到一封奇怪的电报。电报是一个探险家从巴黎打来的，他要求乘坐这枚空心炮弹到月球上去旅行。

这位探险家的名字叫米歇尔·亚尔当。亚尔当的形象是凡尔纳根据他的朋友纳达的钢笔画像而塑造的。他间接地赞扬了纳达对航空科学的热情。

空心炮弹重新设计成了一艘具有隔音壁的宇宙飞船，亚尔当将和他的两名同伴一起坐飞船到月球去旅行。这本小说是以发射大炮，并试图用一个镜面直径为20英寸的大型望远镜跟踪飞船的航行而结束的。

此后，人们会再得到三位空间旅行家的信息吗？他们能

和地球有联络吗？许多热心而痴迷的读者给编辑部写信，有的去找凡尔纳。

但是，这些读者不得不等到1870年。这年凡尔纳这部小说的续集《环绕月球》写完了，人们得到了答案。

续集描述了三位探险家在密闭的小船里的感受，包括他们在外层空间奇异的失重状况。但是凡尔纳忽略了飞船发射时的最初冲力，这股冲力突然产生的加速度肯定会把他们三位碾成肉酱。但是人们并不在乎这些，还是津津有味地读着。这本书用了大量的篇幅致力于数学和天文学上的推测，由于飞船偶然过于接近了地球的第二颗卫星(这是凡尔纳为了一时的需要而臆造出来的)，飞船偏离了航向，绕到了月球的表面。

月球神秘的背阴面是看不到的，因此除了旅行家们因为受不到阳光照射而备受折磨这一点外，对其他的情况人们便不知道了。地球上的人发射了几枚辅助火箭，这才摆脱环绕月球的轨道，飞船跌到了地球上，溅落在靠近墨西哥海岸的太平洋里。

这个密封的小船由一艘美国海军的船只从海里打捞上来。人们发现，三位时代的英雄竟然在密闭室里若无其事地打着桥牌。

这两部小说以令人惊叹的方式，预示了空间旅行的各种实际情况。

也许，正因为1865年是太空幻想小说硕果累累的一年，所以过了很长一段时间，作家们才重新转回到这个题目上来。儒勒·凡尔纳并不满足于将自己的想象旅行局限在月球的活动区域。后来，他又设想出一个描写一颗彗星从地球掠过，带走地中海附近的36位居民，他们在太阳系漫游了两年，最终趁这颗彗星再度与地球相撞时又顺利地返回地球的故事。这就是《太阳系历险记》，它把读者带到了木星以外的空间，从而大大扩展了太空旅行的范围。在19世纪80年代和90年代，许多作家都在步他的后尘。

《格兰特船长的儿女》

在凡尔纳的创作中，《格兰特船长的儿女》、《海底两万里》、《神秘岛》是最有名的三部曲。它们奠定了凡尔纳作为科学幻想小说大师的基础。这三部小说的共同特点就是科学冒险，曲折、离奇的情节是它们最吸引人的地方。

1864年7月26日，爱德华·哥利纳帆爵士一行人驾驶邓肯号游船在海上航行，他们在一只鲨鱼的肚子里发现了一份被海水侵蚀的残缺的文件。经过分析，这是1862年为英格兰人寻找新移民地的大不列颠号在北纬37度11分失事后，船长格兰特发出的求救文件。因为海军部拒绝前往救援，爵士就偕同妻子海伦、表兄麦克纳布斯少校、船长约翰·门格尔、格兰特船长的女儿玛丽、罗伯尔和船员们，驾驶邓肯号去搜寻格兰特船长。巴黎地理学会秘书雅克·巴加内尔因为粗心，搭错了船，成了船上的新成员。

邓肯号经过大西洋、马德加群岛、加那利群岛、佛得角、麦哲伦海峡、不伦瑞克半岛、波拉尔角、塔尔卡那诺

港，却始终没有发现大不列颠号的踪迹。巴加内尔提醒大家，文件有可能是从美洲大陆某条河流投下的。于是，爵士、少校、巴加内尔、罗伯尔和三个水手开始了横穿美洲大陆的探险。他们经过阿罗加尼亚首都、安杜谷火山、内乌康河、科罗拉多河、判帕草原区、盐湖、独立堡、瓜米尼河、塔巴尔康山、坦秋尔山，到达大西洋岸边的马达那斯角，也没有发现格兰特船长的消息。

这次探险，充满了神奇。他们看到了火山喷发，经历了地震、干渴、暴雨、洪水、雷火，还曾被狼群攻击、鳄鱼包围，罗伯尔甚至从兀鹰爪下得以逃生，幸好大家都安然无恙。这次探险途中，他们结识了巴塔戈尼亚人塔夫卡，正是他救了罗伯尔的命，也正是因为他做向导，一行人才逢凶化吉。

困在被洪水围困的树上，巴加内尔突然想到，他们理解错了文件的内容，大不列颠号应该是在澳大利亚。于是，邓肯号又从大西洋出发，经过透利斯探达昆雅群岛、好望角、阿姆斯特丹群岛、开普敦、灾难角，到达百奴衣角。在百奴衣角一个庄园主家里，他们遇见了大不列颠号的水手长艾尔通，此人声称格兰特船长应该是在澳大利亚大陆。于是，一行人再次兵分两路，爵士、少校、地理学家、船长、海伦夫人、玛丽、罗伯尔和一个管家、两个水手横穿澳大利亚大陆，邓肯号则在墨尔本海域接应。

本以为会很顺利的澳大利亚之旅却充满了艰险。原来，格兰特船长根本不在澳大利亚大陆，艾尔通撒谎了，他其实是一个土匪头子，之所以这样做，是想抢劫邓肯号去做海

盗。虽然爵士等人发觉了艾尔通的身份，摆脱了土匪的威胁，但他们相信他们失去了邓肯号。一行人决定搭一艘货船到墨尔本，然后回欧洲，货船却在中途遇风搁浅，大家做了一个木筏，漂流到了新西兰岛，落入野蛮的毛利人手中，面临被杀死的厄运。逃脱后，他们意外地和邓肯号重逢，他们原以为邓肯号已经变成海盗船了呢。原来，因为地理学家正潜心思考问题，在替爵士给邓肯号大副写信时，把"澳大利亚"写成了"新西兰"，结果，拿着信打算抢劫邓肯号的艾尔通反而成了俘虏。没有找到格兰特船长，大家失望地返回欧洲。途中，要把艾尔通流放到一个无人小岛玛丽亚泰勒萨上，结果，却在岛上发现了格兰特船长。原来，该岛的法语名字是"达抱岛"，求救文件中的这个单词被海水腐蚀了，大家先猜测它是巴塔戈尼亚，后来又猜测它是澳大利亚，所以才有这许多波折。竟然忘记了这个岛的另一个名字，地理学家十分惭愧。

回到欧洲后，玛丽和门格尔船长举行了婚礼，巴加内尔也有了自己的意中人。

《格兰特船长的儿女》不仅情节跌宕起伏，人物刻画也非常精彩，尤其是地理学家和少校两个人，一个博学、粗心，一个寡言、沉着，被展现得细致入微、淋漓尽致，十分鲜明，给人留下了深刻的印象。

《格兰特船长的儿女》的另一个重要特点，就是知识性非常强。书中，各种地理知识、动植物知识、历史知识俯拾皆是，让人目不暇接、眼花缭乱，把航海、美洲大陆、澳大利亚大陆和新西兰描写得引人入胜，绮丽无比，这些都与凡

尔纳在世界各地丰富的游历经验有关。与现在的许多作家不同，凡尔纳不是一个整天呆在家里凭空幻想的人。他天生热爱自然和喜欢冒险的精神决定了他写小说总是建立在真实的体验和鲜活的事实的基础之上，因此也总能给人带来身临其境的感觉。

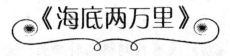

《海底两万里》

还在"大东方号"上的时候，凡尔纳就跟一些帮忙铺设过大西洋电极电缆的水手交谈过。水手们的故事以及他自己在海上的经历，为他有关海底航行的新小说提供了更多的素材。

1867年春，凡尔纳开始写新小说的初稿。大部分章节已在他的"圣米歇尔号"上完成了，他把这艘小渔船改装成了

▲ 《地心游记》电影海报

海上漂流的工作间。在船上，凡尔纳把维克多·雨果的小说《海上劳工》摆在桌上，作为自己灵感的源泉。

写这本书的念头也可以说是由乔治·桑引起的。凡尔纳把自己的两部书送给了她，她知道凡尔纳要写一系列科学冒险的故事，对送给她的两部书感到非常满意，她给凡尔纳的信中写道：

我唯一感到遗憾的是，在读完这两部书之后，没有另外十卷书供我阅读，我希望你不久将把我们带到海洋深处，你应该让你的人物乘坐一艘潜水船在海底旅行，你的想象力和知识一定能把这种船设计得很完美。

那么凡尔纳将如何实现他的构思呢？首先，他一定要制造出可以自由地在大洋底下航行的运输工具，这就是潜水艇。

1867年，在巴黎博览会上，法国的"潜水鸟号"的巨大模型展出了，凡尔纳有幸亲眼目睹了它。这艘潜艇赋予了凡尔纳直接的灵感，使他心目中的潜艇更加完美。

这年的暮春时节，圣米歇尔号游艇在索姆河口附近、法国近海海岸，时而北上，时而南下，四处飘荡，但船甲板上始终不见凡尔纳船长的身影。他正躬身坐在狭小如囚室的船长室里伏案写作，草稿逐日增高。到7月末，凡尔纳已写完了初稿，但并未马上寄给赫泽尔，因为他要在文体上下点工夫。

凡尔纳就这样开始了他新小说的创作。他把小说定名为《海底两万里》。凡尔纳请他的插图作者里奥先生根据"潜水鸟号"的模型画出了他小说中"诺第留斯号"的草图，甚

至还画了压缩空气容器，这在电动潜艇里完全是多余的。

《海底两万里》里面的人物寥寥，有名有姓的只有四个半——"亚伯拉罕·林肯"号驱逐舰舰长法拉格特，只在小说开头部分昙花一现，姑且算半个；内景只是一艘潜水艇。但就是这么四个半人，这么一艘潜水艇，一个神秘的船长尼摩，一个学富五车的科学家，在各种探险历程中，在将近一年的时间中，纵横海底两万里，为我们演绎出一个个故事，展现出一幅幅画面，海底墓地，珊瑚谷，巨型章鱼……故事曲折惊险，引人入胜，画面多姿多彩，气象万千。

小说的情节是这样的：1866年，在海上发现了一头被认为是独角鲸的大怪物。法国生物学家阿龙纳斯应邀参加追捕。追捕过程中，阿龙纳斯、他的仆人康塞尔和捕鲸高手尼德·兰三人，发现这怪物不是什么独角鲸，而是一艘构造奇妙的潜艇。

潜艇船长尼摩，是个不明国籍、自称"跟整个人类断绝了关系"的神秘人物，身材高大，神情自信、坚毅。尼摩邀请阿龙纳斯参观了这艘令人惊叹的现代工业的杰作——诺第留斯号：它利用海浪发电，供给船上热、光、动力；它所需的一切都取自海洋。它是尼摩在大洋中的一个荒岛上秘密建造起来的。

阿龙纳斯及其同伴乘诺第留斯号，从太平洋出发，开始了海底探险旅行。透过潜艇玻璃窗，海洋把各种光怪陆离的景象展现在他们面前：应有尽有的海底植物，空中飞鸟般的各种鱼类，以及到处皆是的形形色色的节肢动物、软体动物……使人目不暇接。他们观察着，研究着。途经克利斯波

岛，潜艇停在海底，他们穿上潜水衣，漫步在海底平原上，用特制的步枪在海底森林里打猎。书中描写海底奇妙的世界，令人称奇：这真是一片奇妙又少见的海底森林，生长的都是高大的木本植物，小树上丛生的枝杈都笔直伸向洋面。没有枝条，没有叶脉，像铁杆一样。在这像温带树林一般高大的各种不同的灌木中间，遍地生长着带有生动花朵的各色珊瑚。美丽极了！

尔后，潜艇经历了搁浅、土人围攻等危险，安然驶向印度洋。这时发生了一件离奇的事。尼摩船长从海面上望见了什么，突然充满了愤怒和仇恨。他粗暴地把阿龙纳斯及其同伴们禁闭在小房间里，并强迫他们入睡。翌日，阿龙纳斯醒来，尼摩船长请他治疗一个身受重伤的船员。船员不治身死。尼摩船长哀痛地带着送葬队伍，把死者埋在海底光彩夺目、瑰丽无比的珊瑚树林里。他说：在这里，珊瑚虫会把死者永远封闭起来，不受鲨鱼和人的欺负！

印度半岛南端的锡兰岛在面前了。阿龙纳斯接受尼摩船长的建议，步行到海底采珠场。忽然，有条巨鲨向采珠人扑来。尼摩船长手拿短刀，挺身跟鲨鱼搏斗。在尼摩船长被鲨鱼的巨大躯体所压倒，危在旦夕时，尼德·兰迅速投出利叉，击中鲨鱼的心脏。船长救起那个穷苦的采珠人，又从自己口袋里取出一包珍珠送给他。由此，阿龙纳斯感到在尼摩身上有两点值得注意：一是他无比勇敢，二是他对人类的牺牲精神。看来，这个古怪的人还没有完全斩断他爱人类的感情。

从红海到地中海，若走好望角，需绕行非洲一周。但尼

摩船长沿着他所发现的一条阿拉伯海底通道潜行，不到20分钟，就通过苏伊士地峡，到达地中海。书中写道：

诺第留斯在沿着又黑又深海底地道直冲过去。随着地道的斜坡，潜艇像箭一般随急流而下。地道两边狭窄的高墙上，只见飞奔的速度在电光下所画出的辉煌纹路，笔直成条。令我们心跳不止。

潜艇向康地岛驶去。这时，又发生了一件蹊跷事：随着凌晨潜艇窗前一个潜水人的出现，尼摩船长从橱内取出数百万黄金，写上地址，派人用小艇送走。这么多金子送到哪里呢？阿龙纳斯觉得，神秘的尼摩与陆地仍有某种联系。

潜艇穿过桑多林岛火山区海域的沸腾的水流，从直布罗陀海峡出来，驶到大西洋，停在维多湾海底。这里是1702年时的海军战场，当时给西班牙政府运送金银的船只在此沉没，海底铺满了金银珠宝。尼摩派出船员，把千百万金银装进潜艇。阿龙纳斯对这许多财富不能分给穷人表示惋惜。船长听了激动地回答："我打捞这些财物是为了我自己吗？你以为我不知道世上有无数受苦的人们，有被压迫的种族，有要报仇的牺牲者吗？"阿龙纳斯于是明白了尼摩船长那次途经康地岛时送出去的数百万金子是给谁的。

在大西洋海底，阿龙纳斯随尼摩船长去做了一次新奇旅行。他们脚踩在沉没了的大陆——大西洋洲的一座山峰上，观赏一座火山的海底喷火口喷出硫磺火石的奇景。眺望山脚下一座破坏了的城市——整个沉没水底的庞贝城。书中描述传说中的海底古城：

远处是一座火山。山峰下面，在一般的石头和渣滓中间，一个阔大的喷火口吐出硫磺火石的急流，四散为火的瀑

布，没入海水里，照着海底下的平原，一直到远方的尽头，我的眼下是一座破坏了的城市，倒塌的房屋，破损零散的拱门，倒在地上的石柱。远一点，是一些小型工程的废墟。更远一些，有一道道倒塌下来的城墙，宽阔无人的大路，整个水下淹没的庞贝城，现在都复活过来，出现在我眼前了。

　　然后，诺第留斯号大胆地向南极进发，潜艇航行在成群的鲸鱼中间。尼德·兰要求追打鲸鱼。尼摩船长不同意伤害这些善良无害的长须鲸。当海面上出现残酷的大头鲸向长须鲸进攻时，尼摩船长决定援救长须鲸。诺第留斯号用它那钢制的冲角，直穿大头鲸。经过一场恶斗，海上满浮着大头鲸的尸体。穿过南极点后，潜艇又历经冰山封路、章鱼袭击等险情，都是尼摩船长以惊人的冷静和毅力，带领船员战胜了困难。

　　最后，潜艇驶过被称为风暴之王的大西洋暖流，来到了一艘法国爱国战舰沉没的地点。尼摩满怀激情地讲述了这艘"复仇号"战舰的历史。这引起阿龙纳斯的注意，把尼摩船长和他的同伴们关闭在诺第留斯号船壳中，并不是一种普通的愤世情绪，而是一种非常崇高的仇恨。那一夜在印度洋上，它不是攻击了某些船只吗？那个葬在珊瑚墓地的人，不正是诺第留斯号引起的冲突的牺牲者吗？而在所有的海面上，人们也正在追逐这可怕的毁灭性机器！

　　当诺第留斯号慢慢回到海面上来时，便有爆炸声发出：有艘战舰正向诺第留斯号发动攻击。尼摩船长决心把它击沉。阿龙纳斯试图劝阻，但船长说："我是被压迫，瞧，那就是压迫者！由于他，所有一切我热爱过的，尊敬过

的，祖国、父母、爱人、子女他们全死亡了！所有我仇恨的一切，就在那里！"船长不愿这艘战舰的残骸跟"复仇号"的光荣残骸相混，他把战舰引向东方。第二天，可怕的打击开始了！诺第留斯号故意让敌人接近，再在推进器的强大推动下，用那厉害的冲角对准战舰浮标线以下的薄弱部位，从它身上横穿过去！瞬间，战舰船壳裂开，继而发生爆炸，迅速下沉。它的桅樯架挤满着遇难人。然后，那黑沉沉的巨体没入水中，跟它一起，这群死尸统统被强大无比的漩涡卷走……

阿龙纳斯目睹这场惨景，对尼摩船长极端厌恶："虽然他从别的方面可能受过很大的痛苦，但他没有权利来做这样残酷的报复。"阿龙纳斯在船上听到了尼摩船长的最后几句话："全能的上帝！够了！够了！"

在挪威沿岸一带的危险海域中，阿龙纳斯和尼德·兰、康塞尔，乘坐小艇脱离了诺第留斯号，结束了这次穿过太平洋、印度洋、红海、地中海、南北两极海洋的海底两万里环球旅行。阿龙纳斯希望："如果尼摩船长老是居住在他所选择的海洋中，但愿所有仇恨都在这颗倔强的心中平息！……但愿他这个高明的学者继续做和平的探海工作！"

这部小说中情节设置古怪离奇，充满神秘色彩的海底世界给人留下深刻的印象，即使是现在的读者，虽然见惯了各种科学技术带给人的惊喜，但还是会对小说里表现出来的令人赞叹的想象力拍案叫绝。这部小说的语言生动有趣，既是艺术的语言，又是科学的语言，对各种海底事物的说明入木三分，惟妙惟肖。

《神秘岛》

至于凡尔纳三部曲的第三部《神秘岛》，在欧美国家更可以说是家喻户晓的作品。故事描述的是美国南北战争时期五个人在太平洋荒岛上生存的故事。

故事发生在美国南北战争期间。来自北方的工程师赛勒斯和他的黑人仆人纳布、通讯记者斯比林、水手潘科罗夫特和他的养子赫伯特，再加上工程师的爱犬托普，五个人和一条狗一起搭载一个氢气球，从南方军队控制的里特满试图逃到北方。却不幸遇上了大风暴，穿越了大半个太平洋，最后落到了一个荒岛上。此时他们的身上连一把小刀也没有，只剩下了一根火柴（升起来的火还很快被暴雨浇灭了），称得上是真正地一无所有。但他们无所畏惧，充满信心，因为他们拥有着人类智慧的头脑和灵巧的双手，他们知道怎样运用自己的科学知识来利用动物、植物、矿物这自然界三大宝藏为自己服务。

首先他们用两块表上的玻璃盖制作了一个透镜，利用太阳生着了火。然后他们先后当了制砖工人，陶器工人，铁匠，制造出了砖窑、各式陶器、铁制工具。所需要的东西大自然都已经提供好了：铁矿石、粘土、石灰石、煤。工程师甚至制造出了硝化甘油，在一片花岗岩石壁上炸开了一个石洞，成为了这些拓荒者居住的"花岗石宫"，从而抵御住了冬季的严寒。

在吃的方面他们从不亏待自己，一开始他们制作弓箭打

猎，捡一些贝壳类动物和鸟蛋充饥，然后他们开办了家禽饲养场、养兔场、牡蛎养殖场、牲畜棚、菜棚。他们精心播种偶然得到的一颗麦粒，逐渐发展成了麦田，并建造了风力磨坊，终于吃上了面包。

随后他们又制造了玻璃，给"花岗石宫"装上了玻璃窗。并通过养殖山羊获得了羊毛，制得了羊毛毡取暖。为了"花岗石宫"能与相隔距离很远的山羊畜栏方便联系，工程师甚至凭借自己的智慧制作了电报机。

当然，这些英勇智慧的人们也不是万能的。在岛上长达四年的生活中，他们遇到了无数的麻烦和困难。比如打猎回家却发现自己的"花岗石宫"被一群猴子占领，唯一的通行工具——绳梯也被扯进了洞里；最危险的一次是被一艘偶然路过的海盗船袭击，几乎要全军覆没。但最终在一股不可思议的神秘力量的帮助下战胜了种种危机。最后才知道一直在默默帮助他们的是凡尔纳另一本名著《海底两万里》的主人公——尼摩船长。

由于岛上火山爆发，岩浆与海水相通，最终小岛被炸毁。但这些拓荒者们幸运地被一艘船救回了美国（这也是尼摩船长的功劳），生活了四年的神秘岛最终只剩下了一块太平洋中海浪冲刷的礁石。

《神秘岛》无疑也是一部荒岛落难题材的作品，但与其它类似题材作品却有着本质的不同。一般来说落难的主人公往往是形单影只，孤独寂寞，情绪哀怨，充满了对人世的眷恋。即使他在荒岛上衣食无忧，却是每时每刻思念故土，天天都要看看海上有没有船的影子出现。

但在《神秘岛》中，字里行间却无时不透露出一种征服和改造自然的豪迈和乐观主义精神。与其说他们是一群落难者，倒不如说是一小队征服者。他们各有所长，团结协作，将人类千百年积累下来的智慧和经验发挥得淋漓尽致。神秘岛的居民们每日辛勤劳动，竭尽所能地改善自己的生活条件。这一个小集体的生活中充满了乐趣，这乐趣来自于劳动和创造。他们热爱这个美丽富饶的小岛，热爱自己的劳动成果，正如他们自己所说，真要海上来了艘船，他们还未必想走。

《神秘岛》写于1875年，19世纪欧洲的工业文明正处在前所未有的鼎盛状态，欧洲人正获得空前的自信，这种自信来源于难以计数的科学成果，生机勃勃的物质文明。自从数百万年前猿人第一次用双脚直立起来，人类第一次感觉到自己正在成为大自然的主人，而征服者们手中的利器就是科学。《神秘岛》正反映出了这一时期站在全球文明发展领跑者位置的欧洲的强大精神世界。《神秘岛》显然算不上一部伟大的杰作，但只有在这样一个进取开拓的时代，才能出现这样一部优秀作品。

航海之梦

在凡尔纳的小说里，比起地球内部和月球的背阴面，他探索更多的是人类可以到达的地区。在后来的几年里，地理方面的探险和现实世界里的冒险，成了他小说的主要特

色。在他所写的这类幻想小说中，有两部早期作品是最好的例证。在《哈特拉斯船长历险记》和《格兰特船长的儿女》中，他分别探索了地球上一直吸引他的两个遥遥相对的地区：南极和北极。

凡尔纳把自己的主人公送上了太空遨游的同时，他自己却醉心于海上漂泊。

1865年3月，凡尔纳带着妻子奥诺丽娜和儿子米歇尔，去到位于索姆河口的克罗托伊小渔村度假。

选择这个地方度假的理由在于，一方面这里靠近巴黎，另一方面考虑到他妻子在亚眠的家庭关系。另外，这是个沙质海湾，在这儿，儒勒·凡尔纳重新见到大海，而且还能观赏汹涌的浪涛。

一年前，凡尔纳全家就曾到这儿度过一个假日，那时凡尔纳便爱上了这个清静的地方。他们租了一间俯瞰着小港口的房子，这幢房子有两层，还有一个花园和一个亭子。亭子后面，是被风吹来的沙子积成的沙丘，还有野鸡和其他野鸟的巢穴，凡尔纳把这个亭子改为工作室，称之为"静庐"。他可以在安静之余开开玩笑，因为工作的沉重负担压得他喘不过气来，他的脾气变得越来越坏，他觉得自己真的成了一个十足的驮东西的牲口。在这里他完全沉浸在最新的幻想之中——航行在世界各大洋的海底。

凡尔纳常常到海滩漫步，跟渔民们聊天，汹涌的波涛激起了他对童年的回忆，撩起了他做海上航行的强烈欲望。

不久，在克罗托伊，凡尔纳便买了一条改装过的小渔船，这是他梦想几十年的事，他以儿子和海峡守护神的名字

把这条船命名为"圣米歇尔号"。

这是一条狭窄的小船，由身着渔民服装的凡尔纳，亲自驾驶。他俨然是一名"船长"。尽管他已人到中年，但此时却极为快乐，像个孩子一样。

船员是两个老水手，其中的一个叫贝洛，他是个颇有经验的深海水手，并且非常会讲故事，讲得很夸张。凡尔纳总是被他带到故事里去，每次听讲，都会着迷。

航海是凡尔纳工作之余的唯一消遣，当他伸展四肢俯卧甲板上的时候，奥诺丽娜就会挪揄他："我可怜的伙计，你究竟是怎样写出那么美丽的故事来的？你根本不看天空，只把屁股朝着它……"

圣米歇尔号不是游船，但船壳结实，能顶得住大海的风浪，凡尔纳很是喜欢它，他几乎从买到这条船的那天开始，便利用或者可以说是滥用它。

1866年，凡尔纳重新返回克罗托伊。但这一回可属搬家的性质，他割舍不下这条心爱的小船，他索性把全家都接到了这里定居，并让儿子米歇尔到这个渔村来上学。这一回凡尔纳既可以安心地在船上写作，也可到大海上航行。

凡尔纳经常使用他的小船到很多地方去游览，并多次回到南特。而且还驾着它到波尔多看望他的弟弟保尔。凡尔纳曾经对妻子说："奥诺丽娜，你知道吗？我有多想念我的弟弟保尔？"

"当然，你不止说过一次了。"

"可你不知道，我最喜欢做的事就是，驾着圣米歇尔号去找他。"

"为什么？"

"我和保尔都非常爱大海，那里有我们的梦想。自从有了这条小船后，我简直无法抗拒地想从海上去找他，然后再从海上把他带回来，让他乘坐我的小船，这种欲望太强烈了！"他说这话的时候，手舞足蹈，脸上的笑容灿烂极了，奥诺丽娜都被他感动得热泪盈眶。

有一次，他驾船从南特到波尔多，航程仅需要两天，可凡尔纳在弟弟保尔那里待了12天才返回克罗托伊。当然，保尔有自己的工作，还要照看家庭，没能真的同他哥哥一起回来，但是他却和哥哥一起，坐在"圣米歇尔号"上，高兴地谈着、回忆着童年时代的梦想。

在返回的途中，凡尔纳抑制不住自己在大海中航行时那种怦然心动的感觉，他坐在船舱里，开始写信，他要把他的感受传递给他的合作伙伴——他的朋友赫泽尔先生：

海上的航程实在太妙了，这时正值秋分时节，一阵风扑来，我差点被抛到海岸上，嘿，简直像一场风暴；我像一名必须善于处置的真正海员那样去承担这种风险，这您是知道的，这给人留下许多不可磨灭的印象。这次航行本来只需要24小时，但我们至少耽搁了60小时！啊，要是您在就好了！

赫泽尔这段时间里身体一直不好，他也很想借助蓝色海岸的温和气候，恢复一下他那虚弱的身体，就来到了法国尼斯海岸和地中海海岸一带，所以他自然不会产生这种惋惜之情，在这一点上，两位朋友似乎看法不一致，赫泽尔只是陶醉于碧蓝的天色，凡尔纳却喜欢跟翻腾怒吼的海浪搏斗。

有一回，赫泽尔委托他儿子小赫泽尔前来克罗托伊，为

凡尔纳送上一些地中海的特产，并带来一份新的合同。凡尔纳一见到小赫泽尔，就像见到他父亲一样快乐，从某种角度来说，他们父子俩长得真是相像极了，且他的业务能力也非常优秀。凡尔纳很是赏识他。

"我的赫泽尔老先生，身体还好吗？不像以前那么糟吧？一上了年纪，什么药对他来讲，也不是很快见效，我真的很担心他呀！"还没有等小赫泽尔坐稳，凡尔纳就迫不及待地问起他的父亲来。

"谢谢您的关心，我会向父亲转达的，他现在很好！"小赫泽尔年轻有为，谈吐之间就能看出他的气度不凡。

"凡尔纳先生，我前来除了履行合同和向您表达祝愿之外，还要告诉您一件高兴的事，您的一本书稿又发表在《教育与娱乐》杂志上了，当然，这对您来讲，已不是一件意外的事情。"

"不！您说错了，我很高兴。我的这份快乐也可能还是源于你的到来吧！"一听老赫泽尔先生身体还可以，凡尔纳放心了，他笑着做了回答。

"上个月给您写了封信，您收到了吗？"小赫泽尔问道，"那里面还夹着两张照片，是父亲在地中海的一条渔船上拍摄的，那里的风光美极了，那里的天空蓝得都叫人惊叹！"

"噢，我正要跟你说这事呢。信收到了，我之所以没有给您回信，是因为我一直在我的小船'圣米歇尔号'上。我当时正从克罗托伊航行到卡来的途中，这次航行实在太富有魅力了。这条船在大海上航行的时候，正好赶上一阵强风吹

来，颠荡得实在厉害！

"您害怕了吗？伤着您了吗？"小赫泽尔担心地问。

"不，即使颠荡得再厉害，我也不会害怕的！如果不是这样，大海的魅力又从何谈起呢？"

但是，在大海中航行毕竟还是有危险的。在送走小赫泽尔两个月以后的一天，凡尔纳带着他的几名船员又开始了新的航行。当他们航行到迪埃普这个小港口城市的时候，狂风骤起，为了保护全船人的生命及他的小船"圣米歇尔号"，凡尔纳不得不命令自己及船员在此躲避，等待十分凶猛的大海平静了以后，再继续航行。

回到克罗托伊后，凡尔纳找到几名手艺精湛（jīng zhàn）的船匠，让他们对"圣米歇尔号"重新进行修整，把它改装成一条快速的船。并把这件事写信告诉了他的父亲："圣米歇尔号"经过改装后，已成为索姆海湾的首批快速船之一了。风向顺利时，它简直像一片锦葵叶似的飘了起来。啊，为什么你们偏偏不感兴趣！我们与十分凶猛的大海朝夕相处，这艘船始终保持良好的性能。

凡尔纳对小船的热爱几乎超过了所有的一切，他为有这艘小船感到十分自豪，倘若有谁去诋毁他的小船，把它当成一个破旧的小舢（shān）舨，他定会恼火，还会为此打上一架。

赫泽尔可不希望他的这位作者在大海航行中遇到什么差错，他很是为凡尔纳担忧、紧张。他认为，航海是危险的，无益的，要凡尔纳听从劝告，放掉那条小船。

"请您别对'圣米歇尔号'发火。"凡尔纳想了很长时间，他极力地想使赫泽尔平静下来，"这条小船非常出色，

并无偿为我效劳。您总是过分夸大海上的危险性。我妻子陪我做最近的一次航行，她也压根儿没有感到害怕。我还得做几次远航，一次是伦敦，一次是瑟堡，说不定我还要推进到奥斯坦德。乘坐在"圣米歇尔号"上航行时，我发现大海上有很多很多好的东西！我要把这一切都真实地写进去，好让每一个人都想到海上去！"

为了歌颂大海和领略大海的诗意，最好的办法就是经常保持跟它接触。

"圣米歇尔号"无形中成了凡尔纳生命中不可缺少的一部分。他抓住各种机会到船上去，以致在船上度过他相当一部分时间。

尽管凡尔纳没有到他作品的主人公闯入的那些国土上去做远游，可是，在许多年的时间里，他扯起风帆，在大海中航行实在不算少。他把自己变成了一个专职的海员，航海知识非常丰富，航海本领也非常高强，对航海的操作也非常娴熟。他在船上生活、创作，除了在亚眠或巴黎生活以外，他过的便是海上生活。

"圣米歇尔号"是一艘地道的海船。这艘船一直被凡尔纳保存至1876年。

这一年，他在勒阿弗尔的诺尔造船厂订造了一艘长13.27米、宽3.56米的帆船。这艘船更为别致、优雅，完全配得上"游船"的称号，被凡尔纳称为"圣米歇尔2号"，它对凡尔纳的朋友产生了魅力，同样也给它的主人带来了无穷的乐趣。

凡尔纳对朋友们说："我整个都被新'圣米歇尔号'迷

住了，它已经试水起航。这可是一艘出色的船，靠它完全可以到美洲去。"同时，凡尔纳极力说服并邀请有点晕船的赫泽尔登上他的"圣米歇尔2号"，并说这艘新造的帆船是一艘非常富有诱惑力的游艇。

可赫泽尔没有听他朋友的话，他宁愿站在岸上欣赏撒在凡尔纳身上的阳光。

"船长"的美国之行

1867年3月初，也就是凡尔纳购买"圣米歇尔1号"两年多后的一天，他刚在附近的几个港口航行完后，还没等船靠岸，弟弟保尔就来了，他告诉哥哥有一艘船叫"大东方号"，它将开向美国，他们可以乘着去。但是目前有个问题需要解决："哥，我遇到了困难。"

"是什么？"凡尔纳把缆绳系牢后，面向保尔，问道。

"是这样的。我的旅行费用不够我们两个人用了，那我们还能去吗？"

"当然去，为何不去？我这里刚好有一些，是赫泽尔上些日子邮寄来的。"

他们早早就来到利物浦，以便做起航前的各种准备工作。凡尔纳打算把这次旅行写成一本书，所以一直记着详细的笔记。他们上船时，船舱还在最后的改装阶段，因而延误了起航。最后，他们终于出发了，但由于有一名水手在一次偶然的事故中丧生，只好在船开到默西河的时候把他的尸体

送上岸。船一驶入大海，就遇上了保罗作为一名职业水手有生以来所见过的最恶劣的天气。

他们停泊在科克市的科布码头。凡尔纳匆促地浏览了一下爱尔兰海岸，然后轮船驶过法斯涅特继续向前航行。这次航行，他们原计划10天结束，但却整整用了14天。

凡尔纳在船上饶有兴味地观察巨轮的航行情况和乘客们的古怪举止，并以此为乐。但是他对一位美国牧师却兴趣不大，这位牧师似乎认为：只有美国才是天堂。

◎百老汇：原意为"宽阔的街"，指纽约市中以巴特里公园为起点、由南向北纵贯曼哈顿岛、全长25公里的一条长街，两旁分布着几十家剧院。

可等凡尔纳到达纽约时，他才发现自己被这个新世界深深地打动了。"大东方号"在4月9日靠岸，在返回欧洲以前，他们可以在这里逗留一星期。凡尔纳把这段时间计算成192个小时。

在纽约市，他们住在了第五大道旅馆，晚上沿着百老汇漫步，在巴西姆剧院看了《纽约街》。翌日清晨，他们先领取了邮件，拜访了法国领事，晚上乘坐"圣约翰号"轮船由哈德孙河去纽约州首府奥尔巴尼市。"圣约翰号"是一艘庞大的轮船，它那精致的装饰给凡尔纳留下了深刻的印象，这艘船载有4000多名旅客，其中包括1500名到西部去的移民。

船到奥尔巴尼时晚点了，早班的火车已经开走，因此他们有时间在这个州首府观光，参观了一间著名的化石博物馆。随即他们搭上了到尼亚加拉的火车。上车时不需经过任何关卡，也没有检票员，这使凡尔纳很愉快。火车穿过摩和

克峡谷时，他们隐隐约约地看到了地平线上的安大略湖。

第二天早晨，兄弟俩又动身去观看尼亚加拉大瀑布，他们走过一座桥来到山羊岛，从这里可以观赏整个瀑布的壮丽景色。然后他们爬上龟塔，观看下面的瀑布，在这里能感觉到在瀑布冲击下岩石产生的颤动，但除了汹涌澎湃的水流的咆哮声之外，什么也听不到。瀑布的水沫飞溅到山顶，阳光映照着弥漫的水汽，形成了一道道绚丽的彩虹。

次日，他们来到加拿大那边的河岸，在这里他们能够穿着雨衣在小瀑布的后面散步，这真是一个令人心旷神怡的地方啊！

由于岩石崩塌，他们无法观赏在中心瀑布后面蚀空了的"风穴"。

晚饭后，他们再度返回龟塔，观看瀑布上空的夕照风光。

12天后，"大东方号"到达了法国的达布雷斯特港。

一路上，他们是颇受欢迎的旅客，保尔多次应邀表演钢琴演奏，他弹的《马赛曲》简直好听极了。船上所有的旅客在分别的时候，互相举杯祝大家一路平安。

凡尔纳和保尔下船后，他们的妹夫——一名海军基地的指挥官前来迎接他们。

就这样，一次美国的长途旅行结束了。

尼亚加拉大瀑布给凡尔纳留下了不可磨灭的印象。他在后来所写的两部书里详细地描写了这个大瀑布：在《无名之家》里，一对年轻的情侣坐着小船，被瀑布带向最后的归宿；而在《世界的主人》里，罗伯尔乘"特罗号"自瀑布顶端飞泻而下，逃离了紧追不舍的警察。

第五章

动荡岁月

可怕的战争

从1851年12月2日发动政变以来，波拿巴执政已近二十年，现到了穷途末路。这个刚愎自用（gāng bì zì yòng）、昏庸无能的暴君，为拯救其岌岌可危的地位，竟贸然于1870年7月19日对普鲁士宣战，想借此称霸欧洲，巩固其在国内的统治。

凡尔纳对于由两个民族之间的战争所导致的分裂所持的轻蔑态度，使他摆脱了那股爱国狂热。作为一个公民，他准备通过保卫克罗托伊以尽自己的一份责任。

普鲁士人在克虏伯军火的帮助下夺取了阿尔萨斯和洛林。9月2日，法军在色当投降，法国皇帝成了阶下囚，通往巴黎的道路被扫清了。

9月4日，甘必大（法国政治家，1869年当选立法议会议员，成为共和派著名代表，他反对普法战争。）和其他人在巴黎宣布成立新的共和国，建立一支国防军，但新政府得不到外国的支持，而普鲁士人进逼首都，政府撤到了图尔。

凡尔纳经过千辛万苦，绕道布列塔尼和诺曼底，于9月20日抵达克罗托伊。

翌日，寄信给赫泽尔，以悲壮的口吻说：

"不管发生什么事情，没有什么能把我们分开，但这种可怕局面太紧张。要是巴黎能顶得住……我们无法轰击巴黎，除非有内奸策应。外省都希望自卫，但他们需要武器。这里一件也没有。在南特，一个400人的连队仅有5支击发步枪。我再重复一句，各地都缺乏武器。"

凡尔纳在海岸巡逻时总是小心翼翼，不敢跨越雷池一步，不敢接近比利时近海。万一比利时参战，他们就可能被俘。

凡尔纳怀着痛苦和悲愤的心情注视着战局的发展，法军连遭败绩，节节撤退，普鲁士人一路烧杀，如入无人之境。

9月18日普军完成了对巴黎的包围，1871年1月28日法国投降。几个月间，有近十万巴黎人被活活饿死，在最困难的时期，人们杀死动物园的野兽分食，甚至有人下阴沟抓老鼠充饥。

在巴黎被围困四个多月期间，共有66只气球飞出城，其中58个带着鸽子和狗，鸽子和狗再将复信带回。

凡尔纳的好友纳达是这个行动的组织者，他两进两出巴黎，并与普鲁士的气球打过遭遇战，用卡宾枪对射。这也许是世界上发生的第一次空战。

丧权辱国、山河破碎，时时刺痛凡尔纳的心。他从来没感到如此热爱他的法兰西，珍视祖国的荣誉。他爱那阳光灿烂的南方海滨，也爱那山峦叠嶂的北方多雾边陲（biān chuí），更爱祖国的山川草木和每一寸土地；他爱生他养他的故乡南特和具有异国情调的费多岛，也爱法兰西心脏巴黎，他就是在这里度过青春年华，在这里尝尽人间百味，在这里获得世界荣誉；更爱草原和丘陵起伏的索姆河口以及古老幽深的亚眠城。

今天，普鲁士士兵的皮靴却重重地踏在法兰西——母亲的胸膛上！1871年1月28日，普法战争停战协定签署。

战争结束了，凡尔纳赶赴巴黎。可这时的巴黎已满目疮

凡尔纳
FAN ER NA

痍（chuāng yí），好友故知不是远离巴黎，就是离开了人间，凡尔纳的心情格外沉重和孤寂。

政局风云变幻，更惨烈的场面又将发生。

1871年2月17日，保皇派奥尔良党首梯也尔出任政府总理，2月28日议和，法国割地、赔款，引起全法各阶层的强烈不满。

代表社会主义者的"巴黎公社"于3月18日正式成立，双方展开残酷的内战。

公社战士坚持作战18天，最后，梯也尔受到各国政府和资产阶级特别是德军的支持，取得胜利，公社失败了。

枪炮轰鸣之后，留下的是死一样的寂静，骚动过后的空气似乎凝结了，使人感到压抑和窒息。

巴黎上空浮尘硝烟未尽，市政大厅被炮火毁成残垣断壁，几乎夷为平地，没有窗棂的空窗口像一个没眼球的瞎眼，呆视着前方。周围房屋墙壁弹痕累累，马路上血迹斑斑连成一片，战死者和处死者的尸体随处可见，或无神的眼睛，仰望苍穹，他们是面向大地诉说心中的遗恨，还是仰望苍天，期盼一个美好的明天？

公开杀人的"流血的一周"终于结束了，但死神仍到处逞凶肆虐，被处死者的尸体塞满了枯井，填满了采石坑。塞纳河水混浊了，上面漂浮着膨胀的尸体。

所有的一切让凡尔纳触目惊心，在他给父亲的信中说：

看着生命怎样在废墟中再次恢复活力，真是不可思议，令人难忘。您看到了画家多米埃在《喧哗》周刊上的那幅使人毛骨悚然的插图吗？

这幅画画的是，死神打扮成牧羊人在塞纳河畔草地上的

鲜花丛中，吹着牧人的洞箫，每一朵鲜花都是一个骷髅。

凡尔纳的朋友、巴黎公社的重要成员——大地理学家布德维尔作战被俘，格鲁赛因为是公社领导，被终身流放(在1874年成功地逃出虎口)。

在这些日子里，凡尔纳多次来到巴黎，在到处都是残垣断壁、满目疮痍的空旷的大街上走过，心情沉重，什么也干不成，连作家也不想当了。

屋漏偏逢连夜雨。

1871年11月3日，皮埃尔·凡尔纳先生突然中风。儒勒·凡尔纳闻讯后，立即启程返回南特老家。

1847年，19岁的凡尔纳第一次来到巴黎以来，整整四分之一世纪过去了，而今他已过不惑之年，几经改朝换代，经历了两个共和国、一个帝国。岁月荏苒，人世沧桑。

他当年乘坐的邮车和小火车早已被历史淘汰，如今火车一直通向尚特内。

老凡尔纳中风发病几小时后，就永远合上了双眼，带着众多遗憾、牵挂，在妻子儿女面前撒手西去了。

老先生至死不失尊严，像一位历尽沧桑的、完成人生赋予他的重任后离去的使者那样肃穆庄严。

让老人满足的是，在几十年律师生涯中，他一直秉公守法，从未枉徇私情；他把子女培养成人，最使他不放心的长子终于成为名人。让他遗憾的是临终前未与长子谋面，还对长子的信仰表示怀疑，如今，老先生带着这一切永远地离开了人世。

在尚特内，那幢宽敞舒适的别墅显得那么忙乱，失去了

昔日井井有条的宁静。看来，支撑偌大（ruò dà）家庭秩序的顶梁柱倒了，这里的一切再也不能恢复昔日旧有的面貌。

母亲索菲面带哀容，目光呆滞，已经乱了方寸。许多认识和不认识的人，穿梭进出，来去匆匆。这家无法再继续住下去了，母亲决定迁回南特那座老宅。

这些年来，南特成了巨大的商埠，变得更为繁华喧闹，费多岛也旧貌换新颜，凡尔纳已经很难找回童年的回忆。

只有尚特内还能使凡尔纳与故乡保持唯一的联系，但尚特内别墅将易新主。

别了，故乡！别了，童年和童年的梦想！

凡尔纳在这短短的一年多时间内经历了太多的事件。

巴黎，凡尔纳的第二故乡！他在这里苦斗了整整25个寒暑。这里有他的粉颈和红颜、孤独和寂寞，也有他的恐惧、彷徨和失意，更有成功和荣誉、鲜花和笑脸。

巴黎，她永远演绎着经久不衰的多彩生活。

如今，这一切都化为云烟了。

凡尔纳处理完巴黎的事务，准备去亚眠定居。此时已是隆冬季节，历史已悄悄跨进了1872年。

凡尔纳登上巴黎开往亚眠的火车，他不由得想起15年前初去亚眠的情景，恍如昨天。

如今，他已过不惑之年，再操笔写作，已缺乏应有的锐气了，他写什么呢？

列车起动了，凡尔纳回眸眺望，万家炊烟渐渐地遮住了城市的轮廓，最后的灯火也慢慢地消失在阴冷冬夜的暗灰色的夜幕之中……

平静的亚眠

亚眠，一座偏僻宁静的小城。搬到亚眠之后，凡尔纳本可以脱离巴黎的狂热活动了，但他这次步调的改变，标志着他人生中的一个转折。创作的成功、收入的丰厚，这两者他都兼而有之。

然而在随后的几年里，他还将进而成为一个蜚声世界、家喻户晓的人物。

一幢三层楼房，附有一个圆柱形塔楼。院子四周是高高的坚固围墙，宽敞的庭院，有一条镶着大玻璃的长廊，直通客厅。楼后是一个不大的花园，数株苍劲的老榆树，沿围墙依次排列，还有修剪整齐的树丛和数个花圃，每当春夏来临，百花争艳，引来蝴蝶翻飞。

这就是儒勒·凡尔纳坐落在朗格维尔林荫大道44号的府邸。

无论春夏秋冬，凡尔纳清晨5点起床，吃一点早点，便开始写作。早9点到中午这段时间，一般用来整理草稿、处理书信往来和接待客人。

有时，当航海大钟敲响，预报中午到来时，凡尔纳便拿起礼帽，外出散步，拐过十字路

◎哥特式建筑是11世纪下半叶起源于法国，13—15世纪流行于欧洲的一种建筑风格，主要见于天主教堂，也影响到世俗建筑。主要特点是尖塔高耸，修长的立柱，线条明朗，外观雄伟。著名的巴黎圣母院就是哥特式建筑。

口，步入巴黎路，那里有一座中世纪修建的巴黎门；而后进入雨果街，前面是14世纪哥特式建筑，即宏伟壮丽的亚眠教堂。

俯首望去，索姆河犹如一条银色的宽带在阳光下跳跃泛光。在亚眠城下不远处，几条河流汇合，形成了无数条支流的河网地带，有点像凡尔纳童年时代南特城下卢瓦尔河岸。

每天下午，凡尔纳去图书馆，那里有他专门的座位，阅读、记录、创作，下午最迟不超过5点，便打道回府，然后进晚餐，8点或8点30分便就寝了。

凡尔纳婚后就养成了早起早睡的习惯，一直保持多年不变。

这种生活方式，凡尔纳并未觉得有什么不好，反而认为这是他最理想的生活方式，因为创作是他的生命。

这天上午，有客人来访，奥诺丽娜几番上楼催促："儒勒，发发慈悲，快下楼吧！客人来了，正在楼下等你！"

"我去有什么用。没我有你在，你们说得更自由一些……"每当凡尔纳这样回答，多半是因为他进入了创作状态。

不过，这一次来的客人是意大利作家阿密齐兹，他专程从罗马赶来拜访凡尔纳。

凡尔纳迎上去，表示欢迎，并为自己刚才的怠慢表示歉意。

"看上去，您倒像一位退役将军或省长，更像一位数学家，而怎么也不像作家。"阿密齐兹风趣地说。他的确对凡尔纳严肃而专注的目光以及质朴的穿着而感到惊异，他觉得

眼前的作家与他的作品确实很是不同。

"您怎样看待您的作品？"阿密齐兹接着问。

凡尔纳理智而客观地评价了自己的作品，他丝毫不避讳缺点和不足，好像是在谈论别人的作品，令阿密齐兹惊诧不已。

"就您现在的工作方式和工作强度，对于一个人，尤其对一个已享有世界声誉的大作家来说，您不觉得这种枯燥、单调和乏味难以忍受吗？"

"我需要工作，工作就是我生命的全部意义。当我不能工作的时候，就形同行尸走肉，也就失去了生存的意义。"凡尔纳干脆地回答。

这一时期，凡尔纳回忆起1870年到1871年间发生的那些痛心疾首的事件，他早年那种乐观进取的精神，那种幽默、戏谑和欢乐的情绪已很少见了。他孤寂而沉默。唯独工作，才是他的人生寄托、希望所在。

凡尔纳把内心积聚的不安、忧郁、痛苦和企盼一古脑儿地融入到他的作品中。

《80天环游世界》

这几年，儒勒·凡尔纳佳作迭出，硕果累累。

《神秘岛》创作完成，同先期完成的《格兰特船长的儿女》和《海底两万里》组成了他创作巅峰时期艺术水平趋于完美的三部曲。

他同时又写作《80天环游地球》，写作速度很快，一部没有写完，又开新篇，甚至几部书交替写作，好像要追回逝去的青春年华，又好像要在有生之年奋笔疾书，否则内心积虑吐不出来会遗恨终生似的。

以前凡尔纳偶然读过一份宣传材料，说利用现代交通工具可以舒舒服服地环绕地球旅行。于是，这种与时间赛跑的念头，一下子激发了凡尔纳的幻想。

"福克"这个人物形象渐渐在他的脑海形成，他使用纸板剪出人物形象，在写作的时候用钉子把它钉在地图上，依次标出他们环游地球的路径。

如同它的名字一样，这部小说描写了主人公用80天时间环游地球的惊险经历。

英国国家银行发生了一起重大的失窃案，在谈论这个盗窃犯潜逃的可能性时，斐利亚·福克打赌说，根据《每日晨报》所作的计算，人们可以在80天环游地球一周。

该报还透露说，横贯印度的铁路线也已竣工。为了证实这些计算的正确性和赢得这场打赌，福克带着刚雇的仆人路路通立刻启程出发。

侦探费克斯认定英国国家银行的盗窃犯不是别人，正是福克，于是便在苏伊士运河等他，一边要求伦敦发出逮捕证，一边对他进行跟踪，准备一旦接到拘票，立刻将福克缉拿归案。

到了孟买，福克和他的仆人乘坐开往加尔各答的火车，但他们误信报上所说铁路全线业已竣工的消息，其实最后一段铁路正在修筑之中；为了继续他们的行程，福克不得不买

了一头大象。

穿越森林时，两位旅行者遇到印度的一支殡葬队列，这些印度人要让刚去世的一位王公的遗孀一道殉葬。多亏路路通出了一条计谋，福克才终于救出不省人事的少妇艾娥达。

艾娥达是按英国方式抚育长大的，被迫嫁给了这个生命垂危的老王公。三人到达加尔各答时，费克斯竟以一种借口，唆使（suō shǐ）别人将他们逮捕起来。福克交了保释金，才得以继续旅行，这使那位警察大失所望。

到了香港，这位密探在一间吸烟室里将路路通灌醉，使他无法将开往日本横滨的客轮的起航时间通知他的主人，结果只有一直处于半醉状态的路路通一个人上了船。

这场打赌看来输定了，但福克不甘罢休。他租了一艘领港船，追上从上海至横滨的另一艘船。

这几位旅客从旧金山乘坐开往纽约的火车，途中，火车遭到了印第安人的袭击，路路通因此而被掳掠而去。

福克置自己的旅程和财产于不顾，毅然地救出了路路通。各种事故使这几位旅客耽搁了行程，本来要将他们带到利物浦去的客轮起航后不久，他们才赶到纽约。

福克只好搭乘一艘货船到波尔多，一出大海，他便将该船和船员买了下来。

他最大限度地加大火力，煤炭烧光了，他决定将船上上层结构的木料统统烧掉，所以到达昆斯顿时该船只剩一具空壳。福克打算在昆斯顿乘坐开往柏林的邮车。

这时，他竟被费克斯拘捕，直到真正的窃贼被捕归案，他才得以获释，但这使他又白白浪费了好几个小时，也就是

说，他本应星期六到达，却推迟到了星期天。

他破产了！这场灾难使福克暴露了他们的情感：艾娥达向福克提议要做他的终身伴侣；这位遇事冷静的绅士的心地比他所愿意表白的还要善良，因而受到极大震动。于是，这位一向冷若冰霜的男子汉承认了，很久以来他便暗中滋长的爱情。

此时在伦敦，所有参加打赌的人都在等待福克归来，他们确信他无法在预定时刻——8点45分到达。到了最后一秒钟，福克突然出现！一切全明白了，原以为自己星期天到达，其实他在星期六就到达了，他弄错了一天，因为他向东迎着太阳升起的方向走，在转了地球一周以后，他正好争取了24小时。

这部小说出版前曾在《时报》上连载。它一开始就引起了轰动，并且被费城的一家报纸转载了。

菲利亚·福克和他的仆人路路通的旅行风靡了整个世界。他们给人的印象如此深刻，以致小说的起因都变得黯然失色了。

《80天环游地球》获得巨大成功，儒勒·凡尔纳因此名声大振，犹如日行中天，得到全世界的公认，作品被翻译成各种文字，受到广泛欢迎。

许多冒险家受此书鼓舞，为打破环球旅行的纪录，竞相出发，开展环球旅行竞赛。

由于儒勒·凡尔纳在创作方面的非凡成就，1874年4月，法兰西学院授予他该院一等奖和奖章。回想20年前的1852年，当凡尔纳发表小说《马丁·帕兹》的时候，颇受老

凡尔纳先生的赞赏，他建议儿子申请法兰西文学院的奖励，而凡尔纳不愿意为了荣誉向帝国文学院的老爷们卑躬屈膝，所以予以拒绝。

而今，虽然法兰西学院主动授予他最高文学奖赏，却没有给他带来多少欢欣。他说："我的生活是充实的，没有烦闷无聊的余地。这几乎就是我所期盼的一切。"当然，收到大奖的时候，他不由得想起严厉而又慈祥的父亲的面容，一股淡淡的怀念之情和忧伤涌上心头，感叹岁月无情和人世艰辛。

驾船出航

作为作家，凡尔纳是一个名扬四海的人物，但在家里，他却寡言少语、深居简出。在亚眠，即使他们在夏尔·杜博街那间舒适的住宅里住了5年以后，他们的社交生活依然是有限的。

凡尔纳这样小心翼翼地隐藏起来的神秘心灵，也有着它私下的热情、痛苦和希望。他的外甥莫里斯曾说："我的舅舅心中只有三种爱好：自由、音乐和海洋。"凡尔纳的这三种爱好是他与自己塑造的伟大的尼摩船长所共有的。

接连几部小说和剧本获得成功，凡尔纳的收入也随着增加，使他有能力于1876年购买"圣米歇尔2号"，1877年又以5.5万法郎的巨额资金购买了"圣米歇尔3号"，从而实现了他的夙愿。

　　1877年夏天，凡尔纳乘"圣米歇尔2号"扬帆起航，同时也把儿子米歇尔带上。随着游艇在大海上漂荡，凡尔纳也随着大海的波涛起伏而浮想联翩。

　　这个米歇尔，缺点不少，优点也很多，倘有机遇很可能成为一个坚强的人。他聪明，又有热情，就是缺少是非辨别力，不善于把握自己，还有点神经质。由于对米歇尔的高度期望而发生的联想，一个15岁英雄少年形象逐渐在作家的头脑中形成。在这个15岁船长所在的那艘捕鲸船上，老船长要带领5名水手乘舢舨去捕获一头座头鲸，不幸船翻人亡。

　　这时，被老船长委任的临时大副——这个15岁的少年，面临一种绝望的局面，船上只剩下一名见习水手，还有船长的妻儿、一名年迈的女佣、五名黑人遇难者，加上一只小狗登戈，还有心怀叵测（xīn huái pǒ cè，指存心险恶，不可推测。）的厨子。

　　少年临危不惧，沉着冷静，毅然承担起捕鲸船和众人安危的重任，并表现出惊人的预见力：船的航向是东方，始终不变，能够返回美洲。

　　由于那个不怀好意与少年船长作对的厨子的干扰，加上罗盘仪发生偏差，他们最后并没有到达美洲，而是绕过合恩角进入了非洲海岸。

　　他们登陆不久便被捉住，落入黑奴贩子的手中。

　　15岁船长的命运先不用去关注，暂且浏览一下"圣米歇尔3号"这艘豪华巨轮的气魄：它长28米，宽4.6米，吃水3米，功率为100马力。

　　船尾有一间用桃花心木镶嵌的客厅，两张长沙发可做睡

床，客厅与卧室相连，卧室摆放着淡色橡木家具，有两张睡铺。机房和锅炉在船的中部。船首是餐厅。通过旋梯，可以登上船长室和配膳室。船员舱有6张吊铺。

总而言之，这条游船无比漂亮。它的高高桅杆笔直挺拔。在吃水线下，有一条金色条纹衬托着黑色船身，从桅杆到船尾都很壮观。

1878年5月，"圣米歇尔3号"经过几次试航后，正式开航启程。

凡尔纳和保尔、30岁的小赫泽尔、来自里昂的年轻律师拉乌尔·杜瓦尔，还有保尔的儿子加斯东从南特启碇。

第一站是维哥，之后抵达里斯本，经加地斯到非洲，意大利公使组织一个狩猎队，让凡尔纳一行大开眼界。后经直布罗陀到达摩洛哥的得士安，进入阿尔及利亚海岸。

凡尔纳的妻侄乔治·阿洛特是驻奥兰骑兵队长，他特意带着这位远亲游览了阿泽尔海湾。作家凭海临风，面对自己幻想过的景色，不禁心醉神迷起来。

在阿尔及尔，凡尔纳在船上用最好的酒为本地政要和显赫人物及其夫人举办了一场丰盛的宴会。性格孤僻、耿直方正的凡尔纳又发了一次"疯狂"！

第二次出海是1879年，凡尔纳带着米歇尔和一位朋友抵达英格兰和苏格兰东海岸的爱丁堡。

1880年，凡尔纳、保尔及其在亚眠学法律的长子开始了第三次远航。

"圣米歇尔3号"从特雷波尔到达英格兰海岸的迪尔和亚茅斯，然后开往鹿特丹，因遇上恶劣的天气，不得不在鹿

特丹羁留。

然后，到达了弗利辛根。在该港的海面上，他们遇到了相当危险的强风，只好绕道进入须德海。到达威廉港时，他们虽未能参观兵工厂，但受到海军当局的盛情款待。看来，他们再也无法到波罗的海去了，只好选择汉堡作为他们旅行的终点。

德国工程师对他们说，经过注入基尔停泊场的艾德河，用不着绕过日德兰半岛，该河的闸室太短，"圣米歇尔3号"过不去。

"嘿，"凡尔纳嚷道，"布列塔尼人性格执拗，何惧阻障！'圣米歇尔号'太长？砍掉它的鼻子就是了！"

显然，将船尾的斜桅拆下来是必要的，这件活儿相当精细，但船只仍然超过25厘米左右。

他们终于到了基尔。凡尔纳再次见到了普鲁士1867年送去展览的能发射一枚500公斤炮弹的那门巨炮，他不由得想起1870年那场战争，禁不住意迷神伤。

"圣米歇尔3号"在基尔只待了24小时，然后从波罗的海向北行驶，抵达哥本哈根后，便返航回国了。

"圣米歇尔3号"的最后一次远航是在1884年进行的，这也是令凡尔纳终生难忘的一次旅行。

5月13日，这艘游船起航，同行者有保尔和他的儿子加斯东。奥诺丽娜在米歇尔的陪同下，先期出发去阿尔及利亚的奥兰，住在妹妹家，等待"圣米歇尔3号"的到来。

6月27日，"圣米歇尔3号"抵达奥兰，凡尔纳与奥诺丽娜和儿子相会。

随后，"圣米歇尔3号"到达阿尔及尔，使奥诺丽娜得以拥抱她的女儿瓦朗蒂妮。

当时，瓦朗蒂妮的丈夫正在阿尔及尔服役。凡尔纳看到一大群看热闹的人拥向码头，不禁有点惊诧，但他又为能在船上接待他的两位表亲乔治和菲伊感到高兴，其中一个是北非骑兵的军官，另一个是工兵军官。

6月10日，游船在博尼停泊，要到突尼斯，他必须迎击异常险恶的波涛，奥诺丽娜对此感到惧怕，由于一艘横渡大西洋的客轮最近在这个海域遇难，更增加了她的恐惧。她丈夫只好同意从陆路继续旅行，让奥利夫船长将"圣米歇尔3号"开往突尼斯。

经过艰难的陆路旅程，大家好不容易到达突尼斯。停泊在古莱特的"圣米歇尔3号"把全体乘客接到船上，整备装置，开往马耳他。刚开船不久便遇上凶猛的海浪，"圣米歇尔3号"被迫到邦角躲避。

这个地方有海湾岩、沙丘作为屏障，倒是风平浪静，实在是游泳的好地方。他们摆脱文明人的情绪约束，全都兴致勃勃地嬉戏胡闹，重新陷入童年的幻想。

这位名声显赫的作家手舞足蹈地跳了起来！留在船上的米歇尔激动万分，也想加入这种欢乐，情不自禁地鸣枪助兴！

突然，在这些似乎没隐藏任何生灵的沙丘群中冒出几个阿拉伯人，使游泳者个个心惊胆战，这些阿拉伯人以为受到袭击，纷纷鸣枪回击，大家勇敢地撤回"圣米歇尔3号"，第二天便赶紧朝马耳他方向驶去。

过不多久，航船遭遇一场猛烈的风暴而处于危险之中，这场风暴险些将它抛到海岛的岩石上。

　　在这种天气下，奥利夫船长不敢贸然在此航道中航行，于是升旗求救，但一个领航员也没露面。一整夜，他被迫与这场风暴顽强搏斗。船上的人个个提心吊胆，坐卧不安。

　　黎明时分，人们已感到处境令人十分失望，可是没过多久，有一位领航员登上"圣米歇尔3号"，将它引至马耳他的军港。

　　在马耳他岛，凡尔纳一行受到了当地英国驻军的热烈欢迎。地方长官亲自陪同他们游览名胜。

　　在西西里岛作短暂停留后旋即赶到那不勒斯。此时，奥诺丽娜死活不肯乘船，只好改为陆路返回南特。而凡尔纳顺水推舟，想借机好好地了解一下意大利。

　　意大利是他梦寐（mèi）以求的国度，一直未能如愿。"圣米歇尔3号"先期回到卢瓦尔河口静候，他们乘车直达罗马。

　　7月4日，凡尔纳一行抵达罗马，作为尊贵的客人受到隆重接待。

　　在罗马期间，凡尔纳一家作为执行官夫妇的贵宾出席一次专为迎接他们而安排的盛大招待会。

　　凡尔纳虽未到过罗马，但对该城的地理情况了如指掌。在同罗马执政官首次会见时，凡尔纳讲了许多鲜为人知的掌故，使这位父母官惊诧不已，因为他自己对这些掌故都不了解。

　　7月7日，凡尔纳受到教皇陛下接见。教皇说："我不是不知道您的作品的科学价值，但我珍视的是作品的纯洁性、

道德价值和精神力量。"并且鼓励他继续写下去。为此凡尔纳感动得热泪盈眶。

在佛罗伦萨，凡尔纳隐姓埋名，深居简出。但到了威尼斯，尽管在旅馆登记时用了化名，还是被人认了出来。

旅馆老板是精明的商人，立即把旅馆装饰一新，放起烟花爆竹。一面写有作家大名的旗帜高高挂起，阳台上满挂彩灯。威尼斯人热情豪放，把凡尔纳视为自己人，琳琅满目的条幅挂满大街小巷，还有一条写着"凡尔纳万岁"的落地大条幅。

一位年轻漂亮的姑娘把一个编织特别富丽的月桂花环戴在保尔的头上，显然她认错了人。

此时，凡尔纳早已上床，坠入梦乡，让家里人去享受这个热烈的狂欢之夜吧。凡尔纳一生淡泊名利，甚至鄙视荣誉，认为荣誉是一种"额外负担"，他确实是个古怪的"孤独者"！

他们到威尼斯的第二天，萨尔瓦多公爵屈尊专程到旅馆拜访他。这位公爵是文学家、艺术家和学者。他利用他的"水妖号"游艇从事海洋研究。

此次来访，他特意携带着研究成果，作为见面礼物，并邀请凡尔纳去他府上做客，但被凡尔纳婉言谢绝。此后，二人一直保持着联系。

威尼斯之行，使凡尔纳感到欣慰的不是张灯结彩、烟花爆竹，而是有幸结识这位不趋名逐利、而甘居海外孤岛从事海洋研究的"孤独者"公爵。

凡尔纳一行在归国途中，又到了米兰。

凡尔纳
FAN ER NA

此次旅行使凡尔纳十分兴奋，他真正体会到了航行的快乐，同时也为他的创作搜集了大量十分有意义的素材。

凡尔纳的衣食住行一直保持清苦俭朴的习惯，唯一属于"高消费"的就是养船。因为凡尔纳热爱大海，于是他爱船如命。

在凡尔纳的想象中，这些豪华的船只成了他在《马蒂亚·桑道尔夫》所描写的神秘的安特基尔博士漂亮游艇"费拉托号"，只是在小说里凡尔纳把自己幻想的船只设计得比他自己的"圣米歇尔"豪华得多。

相濡以沫

1879年初，当凡尔纳51岁的时候，奥诺丽娜病倒了。

奥诺丽娜身体极度虚弱，尽管凡尔纳日夜守在她的身边，也丝毫减轻不了她的疼痛与憔悴，但她还是尽量保持一种笑容，给凡尔纳一点儿安慰。

"亲爱的，我没有那么严重。你放心吧！"

她的声音带有危重病人的那种颤音，尽管很坚强，但还是掩盖不住由于衰老而带来的脆弱。

凡尔纳默默无语地注视着她，这时他才感到妻子是多么的好，对他是多么的重要，才想起奥诺丽娜曾为自己做过的那些数不清的可口饭菜。

现在妻子躺在病床上，自己只能去啃那些难以下咽的面

包了。

凡尔纳很心疼妻子，他一阵伤心，眼泪落了下来。他的异常举动让身边的亲戚们误解为奥诺丽娜快不行了，这次一定是完了，也纷纷跟着凡尔纳哭泣。

"亲爱的，别这样！"奥诺丽娜看着凡尔纳的样子，很感动。她抬起手来，为丈夫擦拭着眼泪："我会好起来的，为了这个家，为了你，也为了米歇尔啊！"

也许是凡尔纳的真诚让上帝感动了，奥诺丽娜没有被死亡之神带走。

两个月后，春天来了，她的身体有了起色，能够下床，并在凡尔纳的陪同下坐在家门前的石阶上，沐浴着阳光。

凡尔纳为了支撑这个家，坚强地站着，没有倒下。这种动力不仅来源于他的妻子，也来源于他对文学的孜孜追求。

凡尔纳伏在工作台上，继续他的梦中旅行。他全心地扑在《亚马逊河八百里》的创作上。

他说："在这部小说中，我遇到了一些难以处置的情况，但我不想回避这些困难，虽然从本质上说仍是一次旅行，但我发挥了有别于我通常使用的一些手法。"

7月初，奥诺丽娜已基本康复，凡尔纳精心地把她安顿好，然后又来到"圣米歇尔号"上，完成了这部书的创作。

一晃儿，时间便来到了1885年。凡尔纳相继完成了5部小说的创作，并提早履行完与赫泽尔的合同。

因此他满可以让自己的脑子歇一歇了。他决定组织一次化装舞会，同时也是为了庆祝奥诺丽娜身体的完全康复，补偿一下自己多年对奥诺丽娜的愧疚。

为了给奥诺丽娜的交际生活创造良好的条件，最好的办法是举行一个轰动一时的活动。

这一回，凡尔纳夫妇可在亚眠的家中举行活动，接待亲朋宾客了。

在化装舞会上，凡尔纳夫妇化装成男女厨师，亲自迎候宾客的到来。

凡尔纳此时已57岁，身体发胖，喜气洋洋。他那风韵犹存的妻子，在这次重要的舞会上把菜肴做得更为精美，所有人都称心惬意。

这次讲究排场的舞会非常成功，人们都主动向奥诺丽娜的沙龙涌去。

沙龙的次数多了，凡尔纳便很少协助妻子履行家庭主妇的职责。他虽然也参加晚会，而且在晚会上显得乐呵呵的，但他从来不耽误过多的时间，露一露面后，大约在10点钟左右他就不见了人影。

奥诺丽娜十分理解他，也不再勉强他了，自己独自撑持应酬，客人们也习惯看到她丈夫总是早早地悄悄溜走。

在这些晚会上，凡尔纳获得一个"笨熊"的雅号，大伙儿都承认他获得这个雅号是当之无愧的。

凡尔纳觉得，奥诺丽娜对这些社会活动挺感兴趣，这是合乎情理的；他同样觉得，既然这些活动使自己不舒服，那么干脆不参与，也是合乎情理的。他过着一种独身自处的生活，喜欢回到他的书房里去寻找自己的乐趣。他的唯一乐趣就是乘火车去巴黎，跟赫泽尔长时间地交谈。

这两位朋友一起上酒吧吃午餐，然后又到出版社去闲

聊。奥诺丽娜常戏称再没有人能比得上凡尔纳对亚眠火车站熟悉了，因为总有一辆马车定期把他送到那里去。

1885年平安无事地过去了，甚至可以说是在愉快的气氛中度过的。

这一年，是凡尔纳这个伟大的科幻作家生活曲线的顶点。他的声誉已稳固地确立起来，他的作品被译成多国文字，广泛流传。

但是，凡尔纳素来过于谦卑，不会为自己的荣誉所陶醉。

第六章

垂暮之年

✳ 不争气的儿子 ✳

两个女儿已经出嫁，所以结识新朋友的乐趣，主要是奥诺丽娜提供的。至于凡尔纳，他定居在亚眠并非迫不得已，虽然对于巴黎人来说，这个城市可能过于沉闷。购买游船给儒勒·凡尔纳带来了欢乐，这只能掩盖他那日渐增多的忧虑。给他造成最严重伤害的当然是他的独生子米歇尔。

幼年时，米歇尔便是一个难以管教的顽童，他的哭喊常常扰乱他父亲的工作。凡尔纳无奈，只好将教养孩子的事交给了奥诺丽娜。

妈妈管教儿子是理所当然的。但是奥诺丽娜的意志很薄弱，对于米歇尔的哭闹束手无措。

这一天，米歇尔又开始大吵大闹，凡尔纳怒气冲冲地从他的隐蔽所里钻出来，质问道："米歇尔，你还有完没完？他为什么要吵吵嚷嚷，奥诺丽娜？"

"他说他要一只钟。"奥诺丽娜坦然地说。

"他要一只钟，给他就是了，别让他没完没了地吵！我简直受不了！"

米歇尔从来都没有遇到过什么阻力，他要什么，凡尔纳尽量给他什么，尽量让他把嘴巴闭上。米歇尔的任何怪念头，都会得到他的容忍，甚至是鼓励。对此奥诺丽娜常常觉得挺开心。

有一次，一家三口在散步，凡尔纳为小家伙买了一把小木剑，这是当时流行的一种玩具。

小家伙刚遇着第一个地窖的气窗，便连忙把小木剑塞了进去。凡尔纳夫妇不得不请求这户人家让他们到地窖室里把小木剑找回来。奥诺丽娜把剑又给了米歇尔，她嘱咐道："米歇尔，我的宝贝，请你下次不要再干这种事了，好吗？"

　　米歇尔点头答应了。可是，还没走几步又碰到了一户人家的气窗，这个小顽童又照样把小木剑塞了进去，这对夫妇又不得不去别人家里把它找回来。对于米歇尔的这种行径，奥诺丽娜非但不揍他屁股一顿，反而哈哈大笑起来。

　　"这孩子也太固执了，固执得着实滑稽，这可真让我笑坏了。噢，我的宝贝。"

　　凡尔纳莫名其妙地看着妻子，孩子这么气人，她还在那儿笑？年仅5岁的米歇尔看着母亲高兴的样子，竟然跪了下来，仰头注视着她："啊！妈妈，你实在漂亮极了。"

　　面对这种情景，奥诺丽娜除了心慈手软，还能说他什么呢？凡尔纳也不得不承认，米歇尔有时挺可爱的，但有时的确挺恼人。他决定将这个难以管教的儿子交给职业教师。

　　米歇尔进入阿贝维尔学校当寄宿生之后，因为身体素质太差，问题变得更加严重，也更加复杂了。

　　凡尔纳对这个孩子实在想不出什么办法，一天夜里，他写信向赫泽尔求教：

　　米歇尔还在害病，又发起烧来了。为此我曾到过阿贝维尔学校。这孩子的身体状况有时使我们日子很不好过。我承认，他没受到很好的教养，但对待一个天天发烧的孩子，究竟应该采取严惩的手段还是应遵循一项不变的规则？

不久，他便收到了赫泽尔的回信：

我的朋友，说实在的，这的确是件伤脑筋的事，我的建议是应把孩子送到医院进行治疗。

"是的，应该送到医院去！"凡尔纳对妻子说。

记得以前曾有过一位医生为这个孩子做过诊断，说他是神经质。他们又找到了当时著名的精神病医生布朗歇尔大夫。他最终确诊也是如此。

凡尔纳于是在1873年把米歇尔送到了疗养院，这可真是唯一的办法。

1874年，米歇尔出院了，身体状况似乎有所好转。但这样的"好转"并没有持续多久。

为了克服米歇尔身上的性格障碍，凡尔纳采取了最严格的方式。他找到了少年教养所的所长布朗夏尔先生，要求把米歇尔送到教养所，布朗夏尔答应了。

米歇尔在这里生活了8个月，症状反而有所恶化，病情变得使人越发不安，而且有导致变疯或自杀的危险。强制手段只能加重这位少年的精神障碍和反抗，布朗夏尔最终把他送了回来。米歇尔依旧放荡任性，读中学时他就胡作非为，甚至为满足个人私欲而不惜到处借债。

凡尔纳用尽了办法，也奈何不了他，最后把他送进了监狱，后来又把他遣送到印度住了18个月。

但是一切照旧，米歇尔恶习不改，凡尔纳一气之下把他赶出了家门。米歇尔并没有走远，他在城里吃，在城里住。

1880年3月，米歇尔还未满20岁就带着一个年轻的歌手私奔了，凡尔纳不得不请求赫泽尔每月从自己的版税中抽出

1000法郎，让米歇尔维持生活。

三年后，米歇尔又爱上了一个16岁的学音乐的学生让娜，这下，凡尔纳不仅要供养儿子米歇尔一家的生活，因为米歇尔已是两个孩子的父亲了，他还要支付被米歇尔遗弃的女歌手的生活津贴。

幸好让娜是个贤慧的姑娘，她不仅有逻辑的头脑，而且还知道怎样用理智去解决问题。

不久，米歇尔终于可以让父亲喘口气了，因为在让娜的苦口婆心的劝告下，他有了很大的转变。

凡尔纳非常感谢让娜，因为是她的照料才制伏他那桀骜不驯的儿子。

当米歇尔第三个孩子出生后，凡尔纳夫妇前去看望，让娜和他们的关系极为亲密。凡尔纳本打算在那儿住上一周，可一个月后他们才回去。

1885年，米歇尔与人合伙开办火炉厂，并投身自行车制造业，他所做的努力使凡尔纳大为吃惊。

不幸的是，由于对商界缺乏经验，米歇尔遇到了麻烦，生意做赔了，他欠了3万法郎的外债，凡尔纳不得不为他偿还这些沉重的债务。

凡尔纳的收益逐年在减少，为此，在1886年2月15日，他不得不以2.3万法郎将心爱的"圣米歇尔3号"卖给了南斯拉夫一个小王国的王子。

从此，凡尔纳海上生活这一页永远地翻过去了。这对他可真是个莫大的打击。"难道我今后将要被迫过幽居的生活吗？"凡尔纳悲伤地叹道。

 黑暗中的枪声

　　常言道，"福无双至，祸不单行"，凡尔纳还没有从卖掉"圣米歇尔3号"的打击中苏醒过来，又一次打击迎面而来，从此他的健康状况急转直下，永远地把他禁锢在了亚眠。

　　1886年3月9日下午6点30分，凡尔纳正从巴黎路拐过来，步入通往家门的路。在灯光下，他虽年近六旬，依然精神抖擞（dǒu sǒu），挺胸舒臂，步履有力，半新的黑礼服挺括平展，一尘不染。他那英俊端正的面容，温雅恬静，宽大的额头衬着灰白的须髯（xū rǎn），紧闭双唇，显得庄重肃穆，又那么刚毅，只有那双眼睛流露出淡淡的忧伤……

　　当他打开住宅大铁门的那扇小门时，突然一声枪响，一颗左轮手枪的子弹打在离地面2公分的石阶上。

　　凡尔纳四下张望，看这是谁搞的恶作剧。他看见左侧有一个青年人正用左轮手枪对着他。第二声枪响了，这一枪打中了他的腿，子弹嵌入胫骨。凡尔纳虽然伤得很厉害，但仍然向那个青年人扑了过去，并高喊："抓住他！"

　　当时邻居斯塔夫·弗雷宗先生恰好与家人路过这里。他毫不踌躇地前来救助，很快便抓住了这个行刺未遂的凶手，解除了他的武装。

　　凡尔纳现在认出他来了，凶手原来是他弟弟保尔的儿子加斯东。这小伙子不仅做过他航游中的旅伴，而且也曾非常喜爱他的伯父。后来，加斯东到外交部门任职，繁重的工作

使他的精神崩溃了。

他已经病了好几个月，最近似乎有所好转，于是保尔便允许他离开布卢瓦去参加一个在巴黎举行的婚礼。但是加斯东却溜到亚眠。他在城里游荡了一天，到处寻找他的伯父，但没有找到。于是，他在伯父的住宅外面埋伏起来，暗中窥视。凡尔纳一出现，他就叩动了扳机。

人们把凡尔纳抬进房间，并立即叫来了医生。子弹击碎了他腿部的胫骨，要取出来很困难，情况非常严重。

当天晚上，凡尔纳的律师罗贝尔·戈德弗鲁瓦写信给在巴黎的小赫泽尔：

今天下午五点半，从精神病院逃出来的加斯东向凡尔纳开了两枪。幸运的是只有一颗子弹击中了他。凡尔纳的腿部受伤，我希望不是很严重。我赶紧寄出这封信，以期您明天可以赶到。望您速来。

第二天早晨，赫泽尔的私人秘书在巴黎用同样的措词给住在蒙特卡罗别墅里的老赫泽尔拍了5封电报。他的儿子也在那儿，因为他那身患重病的父亲已经濒临垂危了。

保尔也听到了这个消息，马上从卢布瓦赶来。

开始，家里人并没有向外公开提到加斯东，但不久这个消息就传开了。起初，这个奇怪的意外事件曾引起了一阵街谈巷议。但随后各家报纸都沉默了，报纸所作的判断都被凡尔纳家人的看法所取代。他们故意让人对此事产生误解，连加斯东的名字也没提及。

凶手成了一个可怜的孩子，其中一人说："由于处于高度兴奋状态的头脑承受不了过分紧张的工作，他抓起一支左轮手枪冲出大街，谁能说得清楚究竟是什么样的失态使他会用枪瞄准这个自己从童年起就如饥似渴地阅读其作品的小说家呢?"不管当时是由于什么鬼使神差令加斯东做了这桩蠢事,可怜的加斯东还是被他家人关进布卢瓦的一所精神病院,此后再也没有恢复正常。

第一次世界大战期间,他被转移到卢森堡的另一家病院,并且在那里死去。

凡尔纳腿上的伤势十分严重,他因疼痛而昏了过去,当他醒来的时候,已是第二天中午了。他正躺在自家床上,奥诺丽娜饱含热泪,米歇尔也在身边。

医生说,子弹已无法从关节部取出,可能造成终身残废。今后的漫长岁月,他走路都将是一跛一拐的。

在凡尔纳恢复期间,发生了两件使他非常悲痛的事件。在加斯东袭击他8天之后,年近72岁的赫泽尔去世了,那是1886年3月17日。他的葬礼在巴黎举行,凡尔纳不能亲自去参加。但他在遭到枪击后写的第一封信便是给小赫泽尔的。他向赫泽尔夫人和小赫泽尔表达了自己和奥诺丽娜对这一噩耗的悲痛之情。

小赫泽尔继承了他父亲的事业,当了出版社的老板。他和凡尔纳的联系依然如故,并且接替了他父亲自1862年就担当的凡尔纳的批评家、顾问和朋友的角色。

凡尔纳于1886年出版了《胜利者罗伯尔》和《一张彩票》。第二年,又发表了另外两部。总之,和死神发生的遭遇战并未能使凡尔纳的勤奋工作停下来。

1887年2月15日,凡尔纳的母亲在南特去世,享年86岁。凡尔纳这时候仍然卧床不起,只好由奥诺丽娜和米歇尔

去参加葬礼。

几个月后，当他稍有好转时，便赶到南特去处理母亲的遗嘱检验事宜。他卖掉了在早年生活中占有特殊地位的在尚特内的那间房子。

凡尔纳离开了南特，从此再没有回来过。他随身带着从妹妹那儿拿来的母亲的肖像作为纪念。

尽管凡尔纳遇到了这么多的不幸，但是并没有使他失去勇气。他只有59岁，身体可能受到了伤害，但思想仍像以往一样充满活力，死亡的暗示并没有压倒这位作家的勇气。

他决定继续奋斗下去。

回味人生

尽管凡尔纳的健康状况给他添了不少麻烦，但他依然才思敏捷，精力充沛。他作品的产量仍相当可观。1886年之后，大约写了33部书。但文学创作绝不会占用他所有的时间，所以他到处找一些新的事情来做。他一边奋斗，一边思考。对凡尔纳来说，他的思考包括两个方面：对科学热烈的畅想和对自己人生平静的回味。

1890年，凡尔纳觉得自己碌碌无为，因为这一年他要经常去医院治疗已积劳成疾的身体。这自然影响了他的工作，但他说："只要我能工作，我决不会再有所抱怨的。"

当他身体刚刚恢复了一些，他又开始像一部机器那样有规律地运转起来，他决不让这部机器熄火。

1894年，他还把一部在他抽屉里放了3年的书稿《美丽的奥里诺科河》翻出来，给小赫泽尔寄去，他对这部样稿做了多次的修改。1898年3月4日，他还指出在奥里诺科河的那份地图上还应做一处更正。

尽管如此，凡尔纳那已渐渐衰弱的身体还是多次向他发出警告：你已进入了风烛残年，属于你的时间不多了。他越来越多地幽居家室。黎明，甚至在黎明之前他便起床，随即开始工作。11点左右，他出外走走，但因双腿行动不便，加之视力衰退，步履十分谨慎。草草吃过午饭后，他吸支雪茄烟；他坐在圈椅里背向光线，好让鸭舌帽保护着的双眼得到歇息；他沉默无言，凝神静思；随后，他一颠一簸地到工业品公司去翻阅期刊，然后到市政厅去，有时也可发现他在大学俱乐部或联盟俱乐部；在他门前的林荫道上散步片刻，便回家去了。吃点东西后，他上床去休息几个小时；要是没有睡意，他便去做填字游戏，他一共做了四千多张填字游戏！

偶尔有几位朋友来访，他始终是那样和蔼可亲。倘若他对某个问题产生兴趣，他的劲头儿就来了，谈起话来总是头头是道。给人印象最深的是他非常俭朴，而且蔑视社会舆论。在大街上，倘若感到疲劳，他随时会毫不犹豫地坐在别人家门前的台阶上。

在日常生活中，他经常沉默寡言；他故意使自己保持沉默，避免一切废话，仿佛担心这些废话会干扰他的安宁。他只在需要发表经过深思熟虑的意见时才插话。

这位老人对任何可能引起争吵的事十分讨厌，他性情平静，心胸坦荡，这是一种很好的美德。

岁月在流逝，他知道自己能活的年头实在不多了。

他觉得自己四肢不大灵活，仍然管用的只有自己的脑子。他到了对自己做出总结的年岁。在这份总结表上排列着各种挫折和成功，而挫折所占的分量实在太大了！

他一直没有忘记自己的童年和青年，没忘记尚特内·卡罗利娜的影子使他想起自己的情感所遭受的第一次挫折，他对文学的雄心始终无法将这种挫折彻底遗忘；大仲马、《折断的麦秆》、巴黎歌剧院，所有这些既十分地遥远，又近在眼前！

他曾经想在戏剧中获得成功，却只取得少许引人注目的成功。交易所呢？多荒唐的念头啊！当时无非是出于对奥诺丽娜的爱情，才做出如此举动。

赫泽尔对他表示信任，他终于认为自己创造了一种新文学体裁。（新的文学体裁是指科学幻想小说。凡尔纳被认为是科幻小说之父。）就这样，他的名字被列入了职业作家的行列！如《哈特拉斯船长历险记》、《地心游记》、《海底两万里》等作品让他满怀激情地走过了自己开创的这条道路。

对，这只不过是一个书业上的胜利！他被自己的成就所局限，将自己的命运同《教育与娱乐》杂志的命运联系在一起了。可是，多少人在他周围死去了，虽然这些死亡是无法避免的。

他父亲是个爱出主意的人，随时都准备扶助他，但早已寿终正寝。接替他父亲的赫泽尔曾以自己的友情支持过他，但也于1886年3月17日离开人世。

1887年2月15日，他母亲突然去世，将联结着这个人口

众多的家庭的最后一线联系也割断了。

弟弟保尔是他最要好的亲人，也在1897年病故。

起初，他满以为保尔的心脏病发作只不过是一种新的危险迹象。但仅仅过了几天，他便接到保尔的噩耗。抖掉悲愁，他更多地去考虑一直跟他保持友好而又素不相识的公众和读者，考虑痴迷他作品的年轻一代，他为这一代年轻人贡献了毕生的精力。

▲ 英国伦敦，一头取材于凡尔纳作品的机器大象在街头表演

凡尔纳虽然享有世界声誉，但仍因几位文学专家对他装聋作哑、不予承认而感到痛苦。

1869年，赫泽尔冒失地跟他谈到申请加入法兰西文学院的事，他的反应十分明确：一位作家仅在一份为青年人创办的杂志上发表东西，怎敢有这样奢望？因此，他对出版商的这种主意极不重视，他说："我只希望深居亚眠，过着安宁的日子，完成我作为小说家的任务，倘若这项任务还有个尽头的话。"

巨轮靠岸

尽管凡尔纳内心充满了焦虑和痛苦，但他仍然拼着老命专心致志地写完了他的著作的最后几个章节。然而，这却将他的时间和精力也消耗殆尽了。

1901年10月，凡尔纳和奥诺丽娜搬出了夏尔·杜博街那间宽敞的宅邸，回到了附近隆克维尔林荫大道14号那间较小的房子，他们初来亚眠的时候就是住在那儿的。

"亲爱的，我觉得这个房子对我们来讲实在太大了。"凡尔纳对妻子说。

"是的。"满头银发的妻子也有同感。

"尤其女管家去世后，我们守着这么大的房子，感觉更是凄凉。"

"是的。"

"你还记得我们初来亚眠时住的那间房子吗？"

"是林荫大道14号的那间，当时我们还认为它太小了呢。"妻子笑了。

"我们搬到那儿去吧，这儿现在已经不适合我们了。尽管我很喜欢这儿，但有谁还会照顾我们呢？"

凡尔纳有些悲伤。

"好吧。"奥诺丽娜说。

7日，他们把家搬到了林荫大道14号，凡尔纳并没有把所有的东西都搬走，而故意把许多纪念礼物丢弃在那儿。

三年前，他已毁掉了大量的信件、手稿和账簿。有生之

年让这些东西销声匿迹吧，他可不希望任何人知道隐藏在他内心深处的戏剧性事件。转眼又是四五年过去了，凡尔纳还在不停地工作，但是他的身体却每况愈下。

青年时期，凡尔纳就患有胃痉挛（jìng luán）和面部神经痛，可是他从来不把病痛放在心上。他身体明显地衰弱下去，右眼不知从哪天起患了白内障，两只眼睛的视力也开始衰退，那条受伤的腿无时无刻不在折磨着他。行动或工作起来，凡尔纳都觉得异常不便。他知道自己老了。

◎白内障：一种眼科疾病，多由老化和遗传引起，重者会失明。

世界各地的人们不但关心凡尔纳的作品，也都很关心这位老作家的身体健康。他身体不好的消息开始在各地流传着，有关他体质衰弱的短讯刊登在报纸上。

凡尔纳的朋友们知道这都是真的，他们纷纷来探望，希望他们带来的好听的故事会令凡尔纳高兴。朋友们都不希望这位给人带去欢乐的作家身体会那么糟。

凡尔纳很感谢那些关注他的人，他说："我的右眼患白内障，但是左眼仍然是好的，只要我能看见东西，还能做点工作，写点文章，读点书，我就不想冒险做手术。朋友们，要知道，我已经76岁了，是个很老的人了。自从我失明的消息传开以后，得到了全世界的同情。我收到了无数封从世界各地寄来的信，许多人给我寄来白内障的处方，治疗方法真是千奇百怪。他们告诉我，什么手术也不要做，他们的这些治疗方法便能使我痊愈，而且毫无危险。他们的心是非常善

良的，我为此深受感动，但我知道，当然啰，唯一的方法是手术。"

凡尔纳的视力逐渐变得模糊，但他仍没有去做剥离白内障的手术。只要他还稍能写作、阅读，他就等待着。

他的一只耳朵也全聋了，为此他还风趣地对他的一个朋友说："这样倒好，对人们所说的那些愚蠢的邪恶的不真实的事情，有一半我可以听而不闻了，这对我来说是一个很大的安慰。"

凡尔纳常常下午散步，当他走在那条林荫路上的时候，他的坏心情也许会好些。可是，这时的凡尔纳又患上了糖尿病，这使他排尿过多，更加重了他的视力衰退。每天下午他都坐在林荫路上的同一条长凳上，注视着火车从他住宅前面新开凿的长长的绿色铁路隧道穿过。他成了一个可怜的疾病缠身的孤独者。

尽管如此，凡尔纳的思想还是异常活跃。他卧室旁的一个房间内新建了藏书架。书架上，《世界的主人》是他所写的长长的书籍行列中最新出版的一本。当写完这本书的时候，他几乎什么都看不见了。他胃功能也极差，每顿饭只能吃一只糖水蛋。

1905年2月8日，人们纷纷庆祝他77岁的生日。

一个多月后，也就是3月17日，凡尔纳受到了糖尿病的又一次打击，随之而来的痛苦有增无减。3月20日，凡尔纳病危的消息传到了巴黎，散居在各地的家人急忙赶到亚眠来陪他。亲戚们也都纷纷来到他身边，米歇尔也带着妻儿从法国南方赶回这里。

斯蒂格勒在他返家途经亚眠时预先给凡尔纳写了封信，于是，凡尔纳和奥诺丽娜一起在月台上迎接他，祝贺他旅行顺利。这是一个十分动人的场景，这位身体虚弱的老作家和他的妻子关切地围着斯蒂格勒，重新体验着早年的胜利的喜悦。

凡尔纳的老相识、英国作家罗伯特·H·谢拉德也在这段时间来访，他于1889年曾带内莉·布莱来看过凡尔纳。他再度来访是因为听到了凡尔纳身体不好的传闻。发现凡尔纳的情况并不像他所担心的那么糟，也就放心了。

现在凡尔纳感觉不那么痛苦了，他睡在前面楼下房间奥诺丽娜那张大而柔软的床上，得到了妻子悉心的照料。

▲ 成龙主演的根据凡尔纳小说改编的《环游世界80天》

他的麻痹症一天天恶化，最后连周围的人都不认识了。当麻痹症到达脑部的时候，他渐渐变得毫无知觉。他的妹妹玛丽觉得，躺在这儿的人已经不是她那个知识渊博的哥哥了，而是一个空虚的躯壳。

1905年3月24日，这天是星期五，当全家老小围聚在凡尔纳的床前时，凡尔纳以深情、模糊的目光瞥了大伙儿一眼，然后转身向墙壁，泰然自若地等待死神的降临。早晨8点30分，凡尔纳终因糖尿病急性发作而与世长辞了，享年77岁。凡尔纳去世后，人们在他的抽屉里又发现了他的7部手稿，他一生中一共出版了一百多部小说。

在科幻小说的领域里，凡尔纳是一个用想象去创造现实的人；在现实生活中，他是一个用理想去建设现实的人。

从来没有哪一个作家如此热心地在那么久远之前，就为我们构筑着我们现在的世界，而且他的大部分想象如今都成为了现实。他所坚持的自由和天真的理想，是我们人类心中一块尚未坍塌的地方。

1828年 生于南特费多岛。

1833—1846先就读于一位远洋轮船长的夫人所办的学堂，后来转入圣斯塔尼斯拉小学，随后又进圣多纳蒂扬的一所小神学院，最后进入皇家中学，即后来的南特中学。

1840年起，居住在让雅克卢梭街6号。春秋佳日，凡尔纳一家常在南特近郊的尚特内小住。

1847年 4月启程去巴黎，考入法科一年级。

1850年 6月《折断的麦秆》首演，这是他第一部出版并上演的剧作。

1851年 最早的两篇小说《墨西哥海军的第一批舰队》和《乘气球的一次旅行》在《百家文苑》发表。

1852年 拒绝继承父业，转而从事文学创作。

1853年 《捉迷藏》首次演出，由伊尼亚尔作曲。保尔·凡尔纳从海地回国；前往拉盖什他舅舅普吕当家一同庆祝。在南特巧遇洛朗斯雅玛尔，深陷无望的恋爱。创作《围攻罗马》。

1857年 1月和奥诺丽娜在巴黎举行十分简朴的婚礼。出版第一部歌曲集，由伊尼亚尔作曲。

1858年 2月 《德香邦泽先生》首演，由伊尼亚尔作曲。面部神经麻痹症第三次发作。

1864年 1月 与赫泽尔签订第二份合同，在《百家文苑》发表《爱伦坡和他的作品》。赫泽尔拒绝接收《二十世纪之巴黎》手稿。同年3月，发表《哈特拉斯船长历险记》，出版《地心游记》。

1865年 出版发行《从地球到月球》。在《杂志》发表《格兰特船长的儿女》。

1867年 3月与其弟保尔搭乘"大东方"号去美国。参观纽约和尼亚加拉大瀑布。自1月起，编写《法国及其殖民地地理》。

1868年 2月底 完成《法国及其殖民地地理》，继续创作《海底两万里》。修整一艘小艇，命名为"圣米歇尔"号。

1869年　在南特居住一段时间后，3月底迁居克罗托瓦。在《杂志》发表《海底两万里》。

1870年　在《辩论报》发表《浮城》。在赫泽尔出版社出版《发现地球》。被授予荣誉军团骑士勋章。战争期间，担任克罗托瓦海岸警卫；妻子和孩子在亚眠避难。推荐出版《鲁滨逊叔叔》，赫泽尔拒收书稿，1873年，改写成《神秘岛》。

1873年　《来自美洲的侄子》首演。在亚眠乘坐热气球，并写成报道《气球上的八十分钟》。开始创作《神秘岛》。迁居隆格维尔大道44号。

1874年　在《杂志》发表《神秘岛》。在《时代》发表《大法官》。剧本《八十天环游地球》首演。

1877年　在《杂志》发表《赫克托塞尔瓦达克》。在《时代》发表《黑印度》。《地心游记》引发蓬热斯特诉讼案。购买"圣米歇尔"3号。

1879年　在《时代》发表《一个中国人在中国的苦难遭遇》。在《杂志》发表《培根的五亿法郎》，同时发表《"恩惠社"的叛乱者》。出版《伟大旅行和伟大旅行家的故事》第二卷《十八世纪的航海者》。第二次乘"圣米歇尔"3号出航。赴英格兰和苏格兰旅行。

1884年　在《时代》发表《烽火岛》。在《杂志》发表《南方之星》。在地中海第四次，也是最后一次乘"圣米歇尔"3号长途旅行。

1886年　在《杂志》发表《一张彩票》。在《辩论报》上发表《胜利者罗布尔》。出售"圣米歇尔"3号。3月9日，被侄子加斯东·凡尔纳开枪打伤。同年，其子米歇尔·凡尔纳离婚。

1888年　在《杂志》发表《两年的假日》。5月，当选亚眠市议会议员。

1890年　在《杂志》发表《恺撒·加斯加贝尔》。健康状况欠佳，并逐步恶化。创作《童年及青少年回忆录》。

1895年　在《杂志》发表《飞行岛》。饱受头晕病的折磨。米歇尔·凡尔纳应其父要求创作《汤姆生事务所》。

1905年　在《杂志》发表《海洋的人侵》和《世界尽头的灯塔》，这是被米歇尔·凡尔纳改动的第一部小说遗作。3月24日，糖尿病最后一次发作，凡尔纳逝世。